Philip Coggan

# Trumps Angriff auf die Weltwirtschaft

Philip Coggan

# Trumps Angriff auf die Weltwirtschaft

## Wie Amerikas Zollpolitik einen globalen Handelskrieg entfacht und unseren Wohlstand gefährdet

FBV

**Bibliografische Information der Deutschen Nationalbibliothek**
Die Deutsche Nationalbibliothek verzeichnet diese Publikation in der Deutschen Nationalbibliografie. Detaillierte bibliografische Daten sind im Internet über https://dnb.de abrufbar.

**Für Fragen und Anregungen**
info@m-vg.de

**Wichtiger Hinweis**
Ausschließlich zum Zweck der besseren Lesbarkeit wurde auf eine genderspezifische Schreibweise sowie eine Mehrfachbezeichnung verzichtet. Alle personenbezogenen Bezeichnungen sind somit geschlechtsneutral zu verstehen.

Originalausgabe
1. Auflage 2025

Türkenstraße 89
80799 München
Tel.: 089 651285–0



Übersetzung: Silvia Kinkel
Redaktion: Dr. Daniel Bussenius
Umschlaggestaltung: Sabrina Pronold in Anlehnung an das Original
Satz: Achim Münster, Overath
Druck: ScandBook, Litauen
Printed in the EU

ISBN Print 978-3-95972-052-6
ISBN E-Book (EPUB, Mobi) 978-3-98609-095-1

# Inhalt

# Vorwort

Dieses Buch wurde in großer Eile geschrieben, da mich Trumps Verkündung eines Zollpakets am 2. April 2025 nicht nur überraschte, sondern auch zum sofortigen Handeln motivierte. Anzuführende Kritikpunkte gab es zwar reichlich, allerdings galt es auch zwei Hürden zu nehmen. Erstens verfüge ich nicht über den Intellekt oder die Qualifikationen von John Maynard Keynes, dessen Buch *The Economic Consequences of Mr Churchill* mich inspiriert hat. Zweitens ist das Schreiben eines Buches über die unberechenbare und unlogische Politik eines temperamentvollen Präsidenten immer ein Glücksspiel, wie sich bis zum letzten Tag gezeigt hat. Dennoch habe ich dieses Projekt durchgezogen, weil die historischen Parallelen auffällig sind und die Auswirkungen der Trump-Zölle dargelegt werden müssen. Das durch die ständigen Kurswechsel dieser Regierung verursachte Chaos ist hierbei ein wichtiger Punkt, denn so kann man die größte Volkswirtschaft der Welt nicht führen.

Clare Grist Taylor und das Team von Profile Books verdienen große Anerkennung dafür, dass sie die Vorzüge dieser Idee erkannt und sie so schnell umgesetzt haben. Ich bin David Miles und Andy Haldane für ihre klugen Ratschläge dankbar. Und der wunderbare Patrick Lane vom *Economist* hat das Buch Korrektur gelesen, um inhaltliche und Stilfehler auszumerzen. Patrick ist der Inbegriff eines professionellen Journalisten und ein Mann von Format.

Abschließend gilt mein Dank meiner Frau Sandra Kanthal, die mir mit ihren Ideen eine enorme Hilfe war und mich als Leserin ohne Zurückhaltung für den Gebrauch von Wirtschaftsjargon gerügt hat. Ohne sie wäre dieses Buch nicht entstanden.

Wie der Protagonist dieses Buches sagen würde: »Thank you for your attention in this matter.«

Philip Coggan
31. Mai 2025

# Einleitung

»In den vergangenen 200 Jahren hat die Kritik an Zöllen und Handelsbarrieren nicht nur bei Ökonomen fast einhellige Zustimmung gefunden, sondern sich auch in der Praxis bewährt, wo wir gesehen haben, dass frei handelnde Nationen prosperieren, während protektionistische Länder zurückfallen.«

**Präsident Ronald Reagan, Radioansprache, 1988**

»Ich sage immer, für mich ist ›Zoll‹ das schönste Wort im Wörterbuch.«

**Donald Trump, Januar 2025**

»Für jedes komplexe Problem gibt es eine Antwort, die klar, einfach und falsch ist.«

**H. L. Mencken, Satiriker (1880–1956)**

Am 2. April 2025 verkündete Präsident Donald Trump ein Paket von Zöllen auf Produkte aus fast allen Ländern der Welt. Das Ausmaß dieser Zölle (die Steuern auf Importe sind) überraschte Beobachter weltweit und brachte die Finanzmärkte schnell ins Trudeln. Während Trump die Ankündigung als »Tag der Befreiung« bezeichnete, betitelte der *Economist* sie als »Tag des Ruins«.

Genau 100 Jahre zuvor, im Jahr 1925, brachte Winston Churchill in seinem Amt als Schatzkanzler Großbritannien wieder zum Goldstandard zurück. Der große Ökonom John Maynard Keynes warnte vor dieser Entscheidung und veröffentlichte ein Buch mit dem Titel *The Economic Consequences of Mr Churchill*, in dem er diesen Schritt scharf kritisierte.

Das nun von mir verfasste Buch ist eine Hommage an Keynes' Streitschrift und führt aus, dass Trumps Zollpaket und die darauffolgenden widersprüchlichen Ankündigungen einer der größten wirtschaftspolitischen Fehler der Geschichte sind.

Die Zölle, oder auch die Trump-Steuer, sind in vielerlei Hinsicht ein Fehler. Am gravierendsten ist jedoch ein grundlegendes Missverständnis des globalen Handelssystems. Die USA stellen keine rein amerikanischen Waren her, ebenso wenig wie Großbritannien rein britische Waren herstellt. Produkte werden aus Materialien und Komponenten hergestellt, die aus aller Welt importiert werden. So werden beispielsweise etwa die Hälfte aller US-amerikanischen Autos aus importierten Teilen gebaut.[1] Wenn man Zölle auf importierte Komponenten erhebt, erhöht man die Kosten für inländische Hersteller.

Während Donald Trump zwar darauf beharrt, dass Zölle von anderen Ländern bezahlt würden, werden sie darüber hinaus zunächst von den importierenden Unternehmen getragen, wie die Forderung des Präsidenten zeigte, der US-Konzern Walmart solle zusammen mit China die Zölle »schlucken«, als der Einzelhändler erklärte, er sei gezwungen, die Preise anzuheben, um die gestiegenen Kosten auszugleichen.[2]

Im Gegensatz zu Trump waren sich die Wirtschaftsverbände und Finanzmärkte dieser Probleme sehr wohl bewusst. In der Woche nach der Ankündigung vom 2. April kam es zu Turbulenzen an den Finanzmärkten, im Zuge deren die Aktienkurse, Anleihekurse und der Dollar fielen. Daher setzte Trump am 9. April die von ihm für einen Großteil der Welt eingeführten höheren Zölle für 90 Tage aus und senkte sie auf ein Basisniveau von 10 Prozent.

Ausnahmen bildeten Kanada, Mexiko und China. Im Falle Chinas erhöhten die USA nach einer surrealen Runde gegenseitiger Vergeltungsmaßnahmen die Zölle auf prohibitive 145 Prozent. Nach einem Rückgang der Anlandungen in US-Häfen und Warnungen von Einzelhändlern vor leeren Regalen gab es jedoch einen erneuten Rückzieher. Am 12. Mai setzten sowohl die USA als auch China die Vergeltungsmaßnahmen für 90 Tage aus, wobei die US-Zölle mit 30 Prozent zwar immer noch hoch, aber nicht mehr völlig unerschwinglich blieben. Wie der große alte Herzog von York hatte Trump seine Zölle bis hinauf zur Spitze des Berges marschieren und sie dann (größtenteils) wieder zurückmarschieren lassen.

Die Märkte reagierten erleichtert und machten die Anfang April erlittenen Verluste wieder wett. Man hoffte, dass Trump angesichts der harten Realität seine Lektion gelernt hatte. Dennoch war der effektive Zollsatz auf Importe viel höher als vor Trumps Amtsantritt. Und der Präsident schien, alles andere als entmutigt, sogar froh darüber zu sein, die Zollwaffe erneut einsetzen zu können. Mitte Mai deutete er an, dass er innerhalb weniger Wochen differenzierte Zölle auf Waren aus anderen Ländern erheben werde, was einen Verstoß gegen die zuvor angekündigte 90-tägige Aussetzung und eine weitere verwirrende Änderung seiner Taktik darstellte. Am 23. Mai drohte er dann mit 50-prozentigen Zöllen auf Importe aus der Europäischen Union, um diese Drohung zwei Tage später wieder zurückzunehmen.

Ende Mai entschied das US-Handelsgericht, dass Trump mit der Einführung der Zölle seine Befugnisse überschritten habe, da diese Befugnis beim Kongress liege. Trump hatte seine Maßnahmen mit einem »nationalen Notstand« begründet, doch den gab es nicht: Die US-Wirtschaft wuchs 2024 rasant, die Arbeitslosigkeit war niedrig und die Inflation ging zurück. Die Entscheidung war zwar eine gute Nachricht, aber aufatmen konnte die Welt noch nicht. Es ist gut möglich, dass der Oberste Gerichtshof der USA die Entscheidung revidiert, und der Präsident könnte andere Wege finden, um die Zölle durchzusetzen. Das Urteil unterstrich jedoch das durchgängige Thema hinter sämtlichen Handlungen des Präsidenten: Chaos.

Für Leser (und Autoren) ist es schwierig, mit dieser Flut von Ankündigungen Schritt zu halten. Um den Überblick zu behalten, sollte man sich eines immer wieder vor Augen führen: Durch die Einführung von Zöllen hat Trump für Amerikaner die Waren verteuert und zudem die Weltwirtschaft destabilisiert, ohne etwas für diejenigen zu tun, die für ihn gestimmt haben.

## Das hundertjährige Echo

Die Entscheidungen von Winston Churchill und Präsident Trump zeigen auffällige Parallelen. Keynes beklagte, dass durch die Rückkehr zum Goldstandard die Löhne und als Folge davon auch der Lebensstandard sinken würde. Ökonomen befürchten heute, dass die US-Arbeitnehmer mit einem Rückgang des Lebensstandards in Form höherer Preise konfrontiert sein werden.

Beide Vorgehensweisen sind überdies von Rückwärtsgewandtheit geprägt. Churchill versuchte, jene Bedingungen wiederherzustellen, die vor dem Ersten Weltkrieg herrschten, als Großbritannien das Zentrum des globalen Finanzsystems war, das Pfund Sterling die führende Währung darstellte und die britische Industrie nur in der deutschen und der US-amerikanischen Industrie ebenbürtige Wettbewerber hatte. Trump versucht, die Bedingungen der 1950er- und 1960er-Jahre wiederherzustellen, als die US-Industrie die Welt dominierte und die in der Produktion beschäftigten Männer (und es waren überwiegend Männer) sich ein Haus, ein spritfressendes Auto und die neuesten technischen Spielereien leisten konnten.

Churchills Strategie beruhte auf einer Fehlinterpretation der Geschichte. Der Erste Weltkrieg hatte die Position Großbritanniens unermesslich geschwächt, sodass der vor dem Krieg gültige Wechselkurs von Pfund Sterling zum Gold völlig unangemessen war. Seine Entscheidung führte zu einer Deflation und zu Unruhen in der Industrie (da die Arbeitgeber versuchten, die Löhne zu senken), was wiederum den Generalstreik von 1926 auslöste, den einzigen in der britischen Geschichte. Die britische Wirtschaft erholte sich erst wirklich, als Großbritannien den Goldstandard 1931 aufgab.

Trump begeht einen ähnlichen Fehler. Alle Hoffnungen auf eine Rückkehr der USA in ein goldenes Zeitalter der Beschäftigung in der Produktion sind zum Scheitern verurteilt. Der Anteil der Fabrikarbeitsplätze an der Gesamtbeschäftigung ist in der gesamten westlichen Welt rückläufig, selbst in Deutschland, das konstant Handelsüberschüsse erzielt (das heißt, der Wert der Exporte übersteigt den der Importe).

Trotz der Ähnlichkeiten zwischen den Fehlern von Trump und Churchill gibt es auch große Unterschiede. Mit Ausnahme von Keynes drängten die meisten Experten 1925 Churchill zur Rückkehr zum Goldstandard. Die meisten modernen Ökonomen würden Trump von seiner Handelspolitik abraten – aber er verlässt sich auf seinen eigenen Instinkt und die Unterstützung einer kleinen Gruppe von Gefolgsleuten. Das Schlimmste daran ist, dass Churchills Politik vor allem seiner eigenen Volkswirtschaft geschadet hat, während Trumps Vorgehen sowohl in Amerika als auch im Rest der Welt für Aufruhr sorgt.

## Haltet die Welt an, Trump will aussteigen

Seit dem Zweiten Weltkrieg wurde ein ausgeklügeltes System des globalen Handels geschaffen. Rohstoffe, Komponenten, Fertigwaren und Dienstleistungen werden heute immer leichter und häufiger über nationale Grenzen hinweg transportiert. Fast jeder Einwohner Westeuropas, der USA und des übrigen angelsächsischen Sprachraums (Australien, Großbritannien, Kanada und Neuseeland) ist in einer Welt aufgewachsen, in der er aus einer Vielzahl globaler Produkte wählen kann. Der Handel ist heute sogar noch freier als zu der Zeit, als Keynes über die Welt vor 1914 schrieb: »Der Einwohner Londons konnte morgens im Bett bei einer Tasse Tee per Telefon verschiedene Produkte aus aller Welt in beliebiger

Menge bestellen und davon ausgehen, dass sie ihm bald nach Hause geliefert würden.«[3]

Der Science-Fiction-Autor Arthur C. Clarke schrieb: »Jede ausreichend fortgeschrittene Technologie ist von Magie nicht zu unterscheiden.« Es ist keine Magie, die unsere Häuser mit Waren aus aller Welt füllt, sondern das Ergebnis eines Handelssystems, über das nur wenige von uns täglich nachdenken. Diese Worte werden auf einem Samsung-Laptop getippt, der zwar in Südkorea zusammengebaut worden sein mag, aber auf seiner Website listet Samsung Electronics 100 verschiedene Zulieferer aus vielen verschiedenen Ländern auf.[4] Und der Laptop wurde per Schiff oder Flugzeug nach Großbritannien gebracht und dann mit Lastwagen zunächst zu einem Lagerhaus und dann zum Einzelhändler transportiert. Die Schiffe, Flugzeuge, Lastwagen, Lagerhäuser und Einzelhandelsgeschäfte wurden von Unternehmen gebaut, die über eine eigene lange Lieferkette verfügen. Allein um das Tippen dieses Satzes auf einem Laptop zu ermöglichen, waren wahrscheinlich Beiträge Hunderttausender Menschen nötig.

Apple nutzt derzeit 187 Zulieferer aus 28 Ländern, um das iPhone herzustellen.[5] Diese Beziehungen lassen sich nicht von heute auf morgen aufgeben und nach Amerika zurückverlagern. Der Versuch, eine derart komplexe Lieferkette zu dekonstruieren, ist wie die Aufforderung an jemanden, der einen Kuchen gebacken hat, ihn wieder in Eier, Mehl, Zucker, Butter und Backpulver zu verwandeln.

Dieses System des globalen Handels ist nicht das Ergebnis des Plans eines Einzelnen, sondern entstand aus jahrzehntelangen Versuchen und Irrtümern, als Unternehmen nach den besten und günstigsten Wegen suchten, ihre Waren auf den Markt zu bringen. Genauso wie Evolution bedeutet, dass diejenigen Tiere überleben, die sich an die Umwelt anpassen, bedeutet der globale Handel, dass Unternehmen ihre Lieferketten anpassen müssen, um zu florieren. Die Regierungen waren sicherlich an diesem Prozess beteiligt, insbesondere durch Abkommen zur Förderung des Handels, aber das Netzwerk wurde größtenteils von Unternehmen geschaffen, die in einem freien Markt agieren.

Diese Welle der Globalisierung hatte enorme positive Auswirkungen, da sich der Wohlstand von Europa und seinen ehemaligen Siedlerkolonien auf den Rest der Welt ausbreitete. Der Anteil der Weltbevölkerung, der in extremer Armut lebt, ist von 38 Prozent im Jahr 1990 auf 8,5 Prozent im Jahr 2024 gesunken.[6] Mit zunehmendem Wohlstand ist die weltweite Lebenserwartung bei der Geburt von 32 Jahren im Jahr 1900 auf 46 Jahre im Jahr 1950 und heute auf 73 Jahre gestiegen.[7]

In den 1980er-Jahren machten die Republikaner unter Präsident Ronald Reagan viel Aufhebens um ihre Grundsätze des freien Marktes und verachteten die Demokraten für ihren Glauben an staatliche Eingriffe. Das hat sich inzwischen geändert. Was könnte interventionistischer sein, als Unternehmen vorzuschreiben, woher sie ihre Materialien beziehen sollen? Aber genau das hat Präsident Trump mit seinen 145-prozentigen Zöllen auf chinesische Waren versucht. Er schaute sich das globale Handelssystem an und gelobte, es zu zerstören, als wäre er eine Marvel-Figur, die brüllt: »Hulk, hau drauf!«

Ironischerweise wird ein Großteil der unmittelbaren Schäden in den USA zu spüren sein. Insbesondere mit der Einführung eines Zolls von 145 Prozent auf chinesische Waren hat Trump im Effekt seiner eigenen Volkswirtschaft ein Embargo auferlegt. Wenn das Wort »Embargo« einen Nerv trifft, dann deshalb, weil es sich um eine bekannte Kriegstaktik handelt. Großbritannien und Frankreich versuchten im Ersten Weltkrieg, ein Embargo gegen Deutschland zu verhängen, und Deutschland setzte seine U-Boote ein, um Großbritannien von wichtigen Importen abzuschneiden. Dahinter steckte das Bestreben, den Feind zu besiegen, und nicht etwa ein Ansatz, um – wie Trump es formulieren würde – »Großbritannien zu alter Größe zurückzuführen«.

Innerhalb der ersten Wochen von Trumps Zollpolitik brachen die Lieferungen aus China ein. In vielen Bereichen, wie zum Beispiel bei Kinderspielzeug, ist China der Hauptlieferant, sodass die Gefahr bestand, dass es zu Engpässen bei den Weihnachtsgeschenken kommen würde. Trump sagte in Anspielung auf Charles Dickens' Scrooge, dass Kinder »statt dreißig Puppen nur zwei Puppen« bekommen würden, die »ein paar Dollar mehr« kosten würden. Der Komiker Mike Drucker fasste die ganze Politik treffend zusammen und twitterte: »Ihre Familie wird weniger haben, aber das wird dafür mehr kosten.«[8]

Andere Branchen wie die Schuhindustrie warnten ebenfalls, dass die schiere Höhe der Zölle zu Unternehmensschließungen, Arbeitsplatzverlusten, höheren Preisen und Lieferengpässen führen würde. Es sei schlichtweg ein Ding der Unmöglichkeit, die Produktion in einem realistischen Zeitrahmen zurück in die USA zu verlagern. Die Schuhindustrie wies zudem darauf hin, dass Trump sogar Zölle auf Maschinen und Materialien verhängt hatte, die für die Herstellung von Schuhen in den USA benötigt werden.[9] Denken in größeren Zusammenhängen sieht anders aus.

All diese Warnungen veranlassten Trump im Mai dazu, hinsichtlich seiner Zollvorhaben zurückzurudern, ohne dass China Zugeständnisse machen musste (es hob lediglich seine Vergeltungszölle auf). Die Auswirkungen werden jedoch noch lange zu spüren sein. Es wird seine Zeit brauchen, um die Lieferungen zu ersetzen, die eigentlich im April oder Anfang Mai hätten eintreffen sollen. Selbst mit dem nun angesetzten Zoll von 30 Prozent werden einige Waren deutlich teurer werden.

Der wichtigere Punkt ist jedoch, dass sich die Unternehmen nicht zurücklehnen können. Sie wissen nicht, was nach Ablauf der 90-tägigen Aussetzungsfristen passieren wird (die weltweite Aussetzung läuft zum Zeitpunkt der Veröffentlichung dieses Buches im Juli aus, die Aussetzung für China im August). Es besteht auch die Gefahr, dass Trump seine Aufmerksamkeit auf einen neuen Sektor wie Computerchips richtet und dessen Handelssysteme ins Wanken bringt. Wie Ehepartner, die herausgefunden haben, dass ihr Partner fremdgeht, werden sich die Unternehmen auf den nächsten Verrat gefasst machen.

## Zölle sind ein stumpfes Instrument

Die politischen Entscheidungsträger in den USA mögen zwar wegen ihres Handelsdefizits (die Importe übersteigen die Exporte) besorgt sein, aber die Schuld dafür liegt nicht bei ausländischen Zöllen. Die von anderen Ländern erhobenen Zollsätze sind im Laufe der Zeit stetig gesunken (der handelsgewichtete Durchschnitt lag 2024 bei 2,7 Prozent für die EU und bei 3 Prozent für China).[10] Die Zölle begannen nach 1991, einem Jahr, in dem die USA einen Leistungsbilanzüberschuss verzeichneten, deutlich zu sinken. Wenn also Zölle derzeit den Export von US-Gütern behindern, warum waren sie dann zuvor kein Problem?

Ein Land, das Zölle erhebt, verschlechtert in der Regel seine eigene Lage. Eine wissenschaftliche Studie, die die Auswirkungen von Zöllen in mehr als 150 Ländern über einen Zeitraum von 50 Jahren untersuchte, kam zu dem Ergebnis, dass Zollerhöhungen negative Auswirkungen auf Produktion und Produktivität hatten, die wirtschaftlich und statistisch signifikant sind. Auf Zollerhöhungen folgten auch höhere Arbeitslosigkeit und größere soziale Ungleichheit.[11] Sie sind selbst zugefügte Wunden.

Die Menschen, die für Trump gestimmt haben, mögen argumentieren, dass die Globalisierung, egal was die Wissenschaftler sagen, für sie nicht funktioniert hat. Der Lebensstandard der einfachen Arbeiter ist kaum gestiegen, die Arbeitsplätze sind unsicherer und die Waren teurer geworden. In diesem Buch wird dargelegt, dass diese Entwicklungen keineswegs unvermeidlich waren; andere Länder, die von Globalisierung betroffen sind, weisen mehr Gleichheit auf als die USA, haben bessere Arbeitnehmerrechte und stärkere soziale Sicherheitsnetze. Und der Handel mit China kann kaum der Hauptschuldige sein, wenn die Reallöhne bereits 1973 zu stagnieren begannen, lange bevor China zu einem bedeutenden Teil des globalen Handelssystems wurde.

Das wichtigste Gegenargument lautet jedoch, dass Trumps Plan nichts bringen wird. Es ist ein bisschen so, als würde sich ein Patient mit anhaltenden Bauchschmerzen, der alle rezeptfreien Medikamente ausprobiert hat, zu einer kleinen Operation in eine Privatklinik begeben, nur um festzustellen, dass der Chirurg im Operationssaal Elon Musk mit einer Kettensäge ist.

Dieses Buch erklärt, warum Trumps Wirtschaftsprogramm fehlgeleitet ist und der Wirtschaft deutlich mehr schaden als nützen wird. Folgende Argumente werden ausgeführt:

- Handelsdefizite sind nicht katastrophal, insbesondere nicht für die USA, denen es leichtfällt, internationale Investoren anzuziehen. Das Defizit der USA ist eher auf die Struktur der Binnenwirtschaft zurückzuführen als auf das Agieren ausländischer Volkswirtschaften.
- Wenn das Ziel darin besteht, das Handelsdefizit zu verringern, werden Trumps Steuersenkungen für Reiche das Haushaltsdefizit in die Höhe treiben und damit das Handelsdefizit verschlimmern.
- Zölle werden zunächst von den Importeuren und nicht von den anderen Ländern bezahlt und meist von den inländischen Unternehmen absorbiert oder an die Verbraucher weitergegeben. In Zeiten globaler Lieferketten sind sie sinnlos und führen zu höheren Preisen und möglichen Versorgungsengpässen.
- Die Abnahme der Industriearbeitsplätze ist seit vielen Jahrzehnten in allen Industrieländern zu beobachten, selbst in Ländern mit Handelsüberschüssen, und hängt stärker mit der Automatisierung als mit Handelspraktiken zusammen.
- US-Unternehmen kaufen Waren aus dem Ausland, weil sie billiger (oder auf dem heimischen Markt nicht erhältlich) sind. Der Industriesektor hat seinen Schwerpunkt auf höherwertige Waren verlagert. Der Versuch, die heimische Produktion wieder auf geringwertige Waren wie Spielzeug oder Kleidung zu verlagern, wird die Produktivität verringern, und in jedem Fall wird es für Unternehmen schwierig sein, Arbeitskräfte anzuwerben.
- Die Belastung durch höhere Zölle wird auf Verbraucher mit geringerem Einkommen abgewälzt, entweder durch die Zölle

oder dadurch, dass im Inland hergestellte Waren teurer werden. Unterdessen werden die Zolleinnahmen als Rechtfertigung für Steuersenkungen für Vermögende herangezogen.

Darüber hinaus ist die Art und Weise, wie die Wirtschaftspolitik mit willkürlichen Ankündigungen und Kehrtwenden betrieben wird, an sich schon unglaublich schädlich. Unternehmen wissen nicht, wo sie investieren sollen, bis sich die Zollsätze stabilisiert haben, und werden daher ihre Investitionen ganz aussetzen. Andy Haldane, ehemaliger Chefökonom der Bank of England, sagt, die nachhaltigste Auswirkung von Trump werde die Zunahme der wirtschaftlichen Unsicherheit sein, da seine Politik auf eine lange Liste von Schocks folgt, angefangen mit der großen Finanzkrise über Corona bis hin zum russischen Einmarsch in die Ukraine.

Der Schaden, den Trumps Politik anrichtet, beschränkt sich nicht nur auf den Handel. Sein Angriff auf die Unabhängigkeit der Federal Reserve, der US-Notenbank, führte zu einem kurzzeitigen Vertrauensverlust in den Dollar und die Sicherheit von US-Staatsanleihen. Die Kosten für die Staatsverschuldung stiegen Mitte Mai erneut, als klar wurde, dass Trump beabsichtigt, die Steuern zu senken und damit das Haushaltsdefizit erheblich zu erhöhen.[12]

Die Unabhängigkeit der Fed zu schwächen, ist ein großes Risiko, da Investoren in der Regel darauf vertrauen, dass die Zentralbank Regierungen, die durch hohe Haushaltsdefizite Inflation riskieren, in Schach hält. Investoren könnten darauf mit dem Verkauf des Dollars reagieren, was die Preise für Importe noch weiter in die Höhe treiben würde. Wenn die Anleiherenditen steigen, muss die US-Regierung mehr für den Schuldendienst zahlen, was ihr Haushaltsdefizit weiter vergrößert. Ein weiteres Risiko besteht darin, dass Trumps Angriffe auf die US-Universitäten, eine zentrale Quelle für Forschung und Entwicklung, die langfristigen Wachstumsaussichten der US-Wirtschaft schwächen könnten.

Und schließlich gibt es keine Anzeichen dafür, dass Trump einen Plan hat, um das globale System, das er gerade zerstört, zu ersetzen.

Dieses System entstand nach 1945, als die USA die Bemühungen zum Wiederaufbau der Weltwirtschaft nach der Weltwirtschaftskrise und dem Zweiten Weltkrieg anführten. Weitsichtige US-Politiker wie Harry Truman und George Marshall schickten Hilfsgelder zum Wiederaufbau der europäischen Volkswirtschaften, halfen Japan bei der Erholung und bauten langsam die protektionistischen Barrieren ab, die zwischen den beiden Weltkriegen errichtet worden waren. Das Ergebnis waren 30 Jahre beispiellosen Wirtschaftswachstums in der westlichen Welt. Dies ist das Zeitalter, in das sich die Trump-Wähler zurücksehnen, aber es war geprägt von Handelsliberalisierung und hohen Steuern für Vermögende, nicht von zunehmendem Protektionismus oder Steuersenkungen für Milliardäre.

Natürlich ist diese Steigerung des Lebensstandards in den Industrieländern ins Stocken geraten, insbesondere nach der Finanzkrise von 2007 bis 2009. Aber Trumps Pläne werden das Problem verschärfen, nicht lösen. Die Trump-Steuer in der Version vom 2. April hätte die USA in eine Trump-Rezession stürzen können. Innerhalb weniger Wochen nach der Ankündigung seiner geplanten Zölle senkten Wirtschaftsprognostiker, darunter auch der renommierte Internationale Währungsfonds, ihre Prognosen für das globale Wirtschaftswachstum, wobei die Schätzungen für die USA am stärksten betroffen waren.

Höhere Zölle bedeuten höhere Verbraucherpreise und damit einen Anstieg der Inflation in den USA. Das wird die Geldpolitik der Fed erschweren. Soll sie die Zinsen senken, um die Wirtschaft abzufedern, und damit eine Anheizung der Inflation riskieren? Oder soll sie auf Zinssenkungen verzichten, um die Inflation unter Kontrolle zu halten, und damit eine Konjunkturabkühlung riskieren?

Einige glauben, dass Trump nur eine Taktik des maximalen Drucks anwendet. Er werde einigen Ländern symbolische Zugeständnisse abringen, dann den Sieg verkünden und sich zurückziehen. Mit diesem Optimismus gibt es zwei Probleme. Erstens, falls Trump irgendwelche Tugenden hat, gehört Geduld nicht dazu. Er braucht nur in den Nachrichten etwas zu sehen, das ihn ärgert, und kündigt nach einer Tirade in den sozialen Medien neue Beschränkungen an. Genau das ist Ende Mai passiert, als er die Verdopplung der Zölle auf Stahl- und Aluminiumimporte auf 50 Prozent ankündigte.

Das zweite Problem ist, dass der Schaden bereits angerichtet ist. Das globale Handelssystem wurde mithilfe internationaler Verträge und kollektiver Organisationen wie dem Allgemeinen Zoll- und Handelsabkommen und der Welthandelsorganisation (WTO) aufgebaut, die versuchten, globale Regeln zu entwickeln und Streitigkeiten auf geordnete Weise beizulegen. Nach der Meistbegünstigungsregel der WTO müssen andere Staaten gleich behandelt werden; wenn man einem Land Vorzugsbedingungen anbietet, muss man sie allen anbieten. All dies wurde durch die Launen eines einzigen Mannes ersetzt; die WTO wurde praktisch entmachtet.

Selbst wenn andere Länder ein Abkommen mit den USA schließen, wissen sie, dass jederzeit wieder hohe Zölle durch diese eingeführt werden können. Das im Mai mit Großbritannien angekündigte »Abkommen« war ein klassisches Beispiel dafür: Es umfasste nur fünf Seiten und enthielt auf Seite 1 die Erklärung, dass es sich nicht um eine rechtsverbindliche Vereinbarung handele.[13]

Ein Vertrag mit Mr. Trump ist nur so lange gültig, bis der Präsident seine Meinung ändert. Mexiko und Kanada, die in seiner ersten Amtszeit Abkommen mit den USA unterzeichnet haben, mussten dies auf schmerzhafte Weise erfahren. Ein Großteil der Wirtschaftstätigkeit basiert auf Vertrauen. Wenn ein Käufer Waren von einem Lieferanten kauft, muss er darauf vertrauen können, dass die Waren geliefert werden und die gewünschte Qualität aufweisen. Der Lieferant muss darauf vertrauen können, dass er bezahlt wird. Fehlt dieses Vertrauen, ist die Bereitschaft zum Abschluss eines Geschäfts geringer. Eine Änderung der Vertragsbedingungen mitten in der Transaktion, beispielsweise durch die plötzliche Einführung von Zöllen, untergräbt das Vertrauen erheblich.

Mark Carney, der ehemalige Gouverneur der Bank of England, der aufgrund der Einschätzung, er könne sich gegen Trump behaupten, kanadischer Premierminister wurde, fasste das Problem wie folgt zusammen: »Das auf den Vereinigten Staaten verankerte System des globalen Handels ist vorbei. Die 80-jährige Ära, in der die Vereinigten Staaten die Führungsrolle in der Weltwirtschaft übernommen haben, ist vorbei. Das ist zwar eine Tragödie, aber auch die neue Realität.«

Die Bedenken von Herrn Carney werfen eine viel umfassendere Frage auf. Die Art und Weise, wie die USA nach 1945 ihre Macht ausgeübt haben, schuf ein informelles amerikanisches Imperium, in dem andere demokratische Länder die Vorherrschaft der USA gern akzeptierten. Im Großen und Ganzen übernahmen sie viele Elemente der amerikanischen Kultur, von der Rockmusik über Filme bis hin zu Fast-Food-Ketten. Andere demokratische Nationen waren zwar nicht immer mit der amerikanischen Außenpolitik einverstanden, beispielsweise in Vietnam oder im Irak, aber sie fühlten sich davon nicht bedroht. Wenn Amerika handeln wollte, konnte es darauf zählen, dass andere Nationen sich ihm anschlossen; wenn es neue Produkte entwickelte, hatte es einen Absatzmarkt.

Mit seiner »America first«-Politik und dem Schikanieren seiner Verbündeten hat Trump dieses informelle Imperium aufgelöst. Das ist eine schlechte Nachricht für die Demokratie insgesamt. Nach 1945 gab es zumindest in der demokratischen Welt eine liberale internationale Ordnung; wie der Historiker Timothy Garton Ash feststellt, »reißt der Präsident nun mit beispielloser Geschwindigkeit und Rücksichtslosigkeit die Überreste dieses Gebäudes ein«.[14]

Trumps Vorgehen untergräbt auch das Image der USA als Verkörperung des liberalen demokratischen Systems. Er umgeht den Kongress, greift die Gerichte und die freie Presse an und glaubt nur an Wahlen, wenn er sie gewinnt. Dieses Buch befasst sich hauptsächlich mit Handelspolitik, aber Trumps Autoritarismus hat durch das Aushöhlen der Soft Power der USA auch wirtschaftliche Auswirkungen.

Die Welt hat sich an den außergewöhnlichen Stil des Präsidenten gewöhnt, der darin besteht, Botschaften in Großbuchstaben zu versenden, in denen er Verbündete beleidigt oder mit der Annexion ihres Territoriums droht. Aber es ist immer noch außergewöhnlich. Jeder andere Präsident, der den Vorsitzenden der US-Notenbank als »großen Verlierer« bezeichnet hätte, wäre in der Vergangenheit von den Wall-Street-Giganten angeprangert worden. Obwohl die Finanziers nicht protestieren (wahrscheinlich aus Angst), untergräbt Trumps Stil dennoch das Vertrauen der Investoren und Unternehmen, das jedoch für langfristigen Wohlstand unerlässlich ist. Die wirtschaftlichen Folgen von Trumps Politik sind noch nicht absehbar, und die Gerichte könnten die schädlichsten Teile seines Programms noch vollständig stoppen. Es besteht jedoch die Gefahr, dass er ein globales System zerstört, das Milliarden Menschen Vorteile gebracht hat.

KAPITEL 1

# Wo Ordnung herrscht, soll Chaos sein

»Handelskriege sind gut und leicht zu gewinnen.«

**Präsident Donald Trump, 2018**

»Hier ist meine Vermutung: Noch nie in der Geschichte der Menschheit hat die launische Entscheidung einer einzelnen Person so viel Wohlstand zerstört.«

**Arindrajit Dube, Provost-Professor für Wirtschaftswissenschaften, University of Massachusetts Amherst, April 2025**

In den ersten 100 Tagen seiner Amtszeit im Jahr 1933 stabilisierte Franklin D. Roosevelt das US-Bankensystem, führte Vorschriften ein, um das Risiko eines künftigen Börsencrashs zu verringern, richtete ein Programm zur Stützung der Agrarpreise sowie ein weiteres zur Schaffung von Arbeitsplätzen für Arbeitslose ein und gründete die Tennessee Valley Authority zur Bekämpfung von Überschwemmungen und zur Stromerzeugung. Damit stellte er das Vertrauen der unter der Weltwirtschaftskrise leidenden Bevölkerung wieder her und erklärte: »Das Einzige, was wir zu fürchten haben, ist die Furcht selbst.«

In den ersten 100 Tagen seiner zweiten Amtszeit hat Donald Trump mit der Axt auf das globale Handelssystem eingeschlagen, wichtige Bundesbedienstete entlassen, Mittel für die wissenschaftliche Forschung gekürzt, mit der Annexion des Territoriums eines langjährigen Verbündeten gedroht, das Verbrauchervertrauen geschwächt und in weiten Teilen der US-Industrie Alarm ausgelöst. Er hat eine Wirtschaft, die im Vorjahr um 2,8 Prozent gewachsen war, zum Stillstand gebracht. Einwanderer wurden auf der Straße ergriffen und ohne Gerichtsverfahren nach El Salvador ins Gefängnis gebracht. Der aggressive Umgang mit Visuminhabern schreckte viele Touristen von einem Besuch in den USA ab, während Wissenschaftler und sogar Wall-Street-Finanziers[15] aus Angst vor Vergeltungsmaßnahmen schwiegen. Seine größte Errungenschaft war somit die Angst selbst.

Dieses Buch befasst sich hauptsächlich mit der Analyse der Handelspolitik der zweiten Trump-Regierung und weniger mit deren allgemeinen politischen Maßnahmen. Allein schon der Blick auf die handelspolitischen Schritte zwischen seiner Amtseinführung am 20. Januar und Ende Mai 2025 ist lohnenswert:

- Am 1. Februar kündigte Trump Zölle in Höhe von 25 Prozent auf Importe aus Kanada und Mexiko (womit er ein in seiner ersten Amtszeit geschlossenes Abkommen aufkündigte) und von 10 Prozent auf Importe aus China an.
- 3. Februar: Die kanadischen und mexikanischen Zölle wurden ausgesetzt.
- 4. März: Die kanadischen und mexikanischen Zölle wurden wieder eingeführt und zusätzliche Zölle in Höhe von 10 Prozent für China verhängt.
- 12. März: Auf alle Stahl- und Aluminiumimporte wurden Zölle in Höhe von 25 Prozent erhoben.
- 26. März: Es wurden Zölle in Höhe von 25 Prozent auf alle Importe von Autos und Autoteilen angekündigt.
- 2. April: Einführung einer Vielzahl von Zöllen auf importierte Waren aus aller Welt nach einer Formel, die auf bilateralen Handelsdefiziten basiert, mit einem Höchstsatz von 50 Prozent. Ein-

führung eines Grundzolls von 10 Prozent auf Waren aus allen Ländern – mit Ausnahme von Russland und Nordkorea.

- 9. April: Die formelbasierten Zölle wurden für 90 Tage ausgesetzt, wobei ein Basissatz von 10 Prozent beibehalten wurde, aber China wurde mit zusätzlichen Zöllen in Höhe von 84 Prozent belegt, weil es Vergeltungsmaßnahmen ergriffen hatte. Nach einer weiteren Reaktion Chinas wurden die Gesamtzölle auf chinesische Waren auf 145 Prozent angehoben.
- 11. April: Einige Elektronikartikel und -komponenten wurden von den Strafzöllen auf China ausgenommen, wobei jedoch ein Zollsatz von 20 Prozent auf diese Waren bestehen blieb.
- 29. April: Den Automobilherstellern wurden Zollausnahmen und -senkungen angeboten.
- 5. Mai: Ankündigung eines Plans zur Einführung eines Zollsatzes von 100 Prozent auf alle ausländischen Filme.
- 8. Mai: Ankündigung eines Handelsabkommens mit dem Vereinigten Königreich. Großbritannien senkt die Zölle auf Agrarprodukte und erhält einige Erleichterungen für Autos und Stahl. Der Basis-Zollsatz von 10 Prozent auf britische Waren bleibt bestehen.
- 12. Mai: Nach Gesprächen mit China wurden die Vergeltungszölle für 90 Tage ausgesetzt. Damit erheben die USA weiterhin einen Zoll von 30 Prozent auf China (vorher 145 Prozent) und China einen Zoll von 10 Prozent auf die USA (vorher 125 Prozent).
- 16. Mai: Ankündigung, dass er, anstatt mit 150 Ländern Verhandlungen zu führen, Briefe an die einzelnen Länder schicken werde, um ihnen mitzuteilen, »was sie zahlen müssen, um in den Vereinigten Staaten Geschäfte zu machen«. Dies deutete auf eine Rückkehr zu etwas Ähnlichem wie der Formel vom 2. April hin.
- 23. Mai: Drohung mit der Einführung eines 50-prozentigen Zolls auf Waren aus der EU am 1. Juni und eines 25-prozentigen Zolls auf Apple-iPhones, wenn deren Produktion nicht in die USA verlagert wird.

- 25. Mai: Die 50-prozentigen Zölle auf EU-Importe werden verschoben.
- 28. Mai: Das US-Handelsgericht entscheidet, dass der Präsident mit der Verhängung der umfassenden Zölle seine Befugnisse überschritten hat. Die Regierung legt sofort Berufung gegen das Urteil ein.
- 30. Mai: Die Zölle auf Stahl und Aluminium werden auf 50 Prozent verdoppelt.

Die obige Liste umfasst nur die tatsächlich verkündeten politischen Maßnahmen. Würde man auch die Drohungen in den sozialen Medien, die aus der Regierungsspitze durchgesickerten Informationen bezüglich künftiger politischer Kursänderungen oder die Prahlereien über die Zahl der Länder, die ein Abkommen mit den USA abschließen wollten, erfassen, wäre die Liste wesentlich länger.

## Eine Formel kann man es eigentlich nicht nennen ...

Der beste Beweis dafür, dass diese politischen Kursänderungen nicht Teil eines strategischen Plans waren, war die »Formel«, die zur Berechnung der am 2. April angekündigten Zölle verwendet wurde. Vor der Ankündigung hatte das Weiße Haus eine komplizierte Berechnung von tarifären und nicht tarifären Handelshemmnissen angedeutet, darunter Währungsmanipulationen, Regulierung und Steuern. Was jedoch herauskam, war alles andere als analytisch.

Stattdessen legte man bei einer Vielzahl von Ländern und Gebieten für die Berechnung die jeweilige Handelsbilanz der USA im Jahr 2024 zugrunde. Diese Handelsbilanz wurde dann durch die Exporte des entsprechenden Landes in die USA geteilt, und das Ergebnis wurde als Höhe der von dem ausländischen Staat zu erhebenden »Zölle« eingestuft. Wenn die USA also ein Handelsdefizit von 500 Millionen Dollar gegenüber Ruritania hatten und Waren im Wert von 1 Milliarde Dollar aus diesem Land importierten, war für Ruritania ein Zollsatz von 50 Prozent vorgesehen. Dieser Satz wurde dann halbiert (Trump bezeichnete dies als »Freundlichkeit«), um den neuen Zollsatz der USA zu erhalten, also 25 Prozent im fiktiven Fall von Ruritania. Es gab jedoch eine Ausnahme von dieser Regel. Selbst wenn die USA einen Handelsüberschuss mit einem anderen Land hatten, wurde für dieses Land dennoch ein Zollsatz von 10 Prozent festgesetzt.

James Surowiecki, der Journalist und Autor von *The Wisdom of Crowds* (auf Deutsch erschienen unter dem Titel *Die Weisheit der Vielen*), ist dieser simplen Berechnungsmethode offenbar als Erster auf die Schliche gekommen. Als das Weiße Haus die Details veröffentlichte, sah die Formel jedoch wesentlich ausgefeilter aus, da sie einige griechische Buchstaben enthielt. Diese zusätzlichen Terme standen für die Elastizität der Importnachfrage in Bezug auf die Importpreise und die Elastizität der Importpreise in Bezug auf Zölle.[16] Es ist durchaus sinnvoll, diese Terme in eine Handelsberechnung einzubeziehen, da man davon ausgeht, dass sich bei Einführung von Zöllen sowohl die Nachfrage als auch die Preise anpassen. In der Trump-Formel wurden diese beiden Zahlen miteinander multipliziert und das Produkt als Divisor verwendet.

Allerdings ging die Trump-Formel von einer Elastizität der Importnachfrage von 4 und einer Elastizität der Importpreise von 0,25, also einem Viertel, aus. Die Multiplikation von vier mit einem Viertel ergibt eins, und die Division durch eins bedeutet, dass die Zahl gleich bleibt. Diese »ausgeklügelten« Ergänzungen der Berechnungen hatten also keinen Einfluss auf das Ergebnis. In der Praxis kehrte man zur Handelsbilanz geteilt durch die Exporte des Landes zurück.

Übrigens führte die Trump-Regierung eine wissenschaftliche Arbeit als Begründung für die Formel an. Einer der Wissenschaftler, die hinter dieser Arbeit standen, verweist jedoch darauf, dass diese falsch wiedergegeben worden sei.[17] Tatsächlich beträgt die Elastizität der Importpreise in Bezug auf Zölle fast 1. Das Produkt der beiden neuen Terme hätte also 4 sein müssen, nicht 1. Folglich hätte die Trump-Formel alle Berechnungen durch vier dividieren müssen. Selbst auf der Grundlage ihrer eigenen Argumentation waren die Trump-Zölle *viermal zu hoch*. Würde man die Formel korrekt anwenden, hätte der maximale Zollsatz, der für ein Land gelten würde, bei etwas über 13 Prozent gelegen.[18]

Dies ist nur eine von vielen Hinsichten, in denen sich diese Formel als unsinnig erweist. Zunächst einmal konzentriert sie sich auf bilaterale Defizite (mit einzelnen Ländern) und nicht auf das gesamte Handelsdefizit. Das implizite Ziel besteht darin, dass die USA mit jedem anderen Land der Welt einen ausgeglichenen Handel haben sollen. Das ergibt wirtschaftlich gesehen überhaupt keinen Sinn. Insbesondere armen Ländern in Asien und Afrika werden so harte Bedingungen aufgezwungen.

Nehmen wir Bangladesch, das ein Pro-Kopf-BIP von rund 2500 US-Dollar hat und hauptsächlich Bekleidung in die USA exportiert. Bangladesch drohte ein Zoll von 37 Prozent für das »Verbrechen«, Amerikaner mit billiger Kleidung zu versorgen. Diese Kleidung ist billig, weil die Löhne in Bangladesch viel niedriger sind als in den USA (und die Arbeitsbedingungen härter). Und da die Löhne niedrig sind, haben die Bürger kein Geld, um die hochwertigeren Produkte zu kaufen, auf deren Export die USA spezialisiert sind. Dass Bangladesch einen Handelsüberschuss mit den USA hat, ist wohl kaum überraschend.

Lesotho hat ein Pro-Kopf-BIP von nur 900 US-Dollar. Sein größtes Exportgut in die USA sind Diamanten, da es über eine der größten Tagebau-Diamantenminen der Welt verfügt. Im Gegensatz dazu gibt es in den USA praktisch keine natürlichen Diamanten (es werden jedoch synthetische Diamanten hergestellt). Daher importieren die USA Diamanten (sowie billige Bekleidung) aus Lesotho. Fast alle Importe Lesothos stammen aus Südafrika (das Lesotho vollständig umschließt) und die Bürger Lesothos verfügen ohnehin nicht über ausreichende Einkünfte, um sich viele der von Amerika exportierten Waren leisten zu können. Das Ergebnis ist, dass Lesotho, um zukünftige Bräute mit glitzernden Diamanten glücklich zu machen, ein Zollsatz von 50 Prozent aufgebrummt wurde, der höchste aller Länder.

Zweitens haben diese Zölle rein gar nichts mit »Reziprozität« zu tun. Lesotho erhebt keine oder nur sehr geringe Zölle auf US-Waren.[19] Brasilien erhebt zwar Zölle auf US-Waren und errichtet andere Handelsbarrieren, doch vor Trumps Ankündigung berechnete Capital Economics, dass es mit einem Gegenzollsatz von 28 Prozent rechnen müsste.[20] Da die USA jedoch einen Handelsüberschuss mit Brasilien haben, muss das südamerikanische Land nur einen Zoll von 10 Prozent zahlen, also ein Fünftel der Abgabe, die Lesotho auferlegt wurde.

Ein drittes Problem besteht darin, dass sich die US-Formel nur auf Waren und nicht auch auf Dienstleistungen bezieht. Wie im nächsten Kapitel erläutert wird, sind Dienstleistungen für die Wirtschaftstätigkeit wichtiger als Waren und ein Bereich, in dem die USA einen Handelsüberschuss erzielen. So exportiert beispielsweise Bermuda, ein Zentrum für internationale Finanzen und Versicherungen, viele Dienstleistungen in die USA und erzielt insgesamt einen Handelsüberschuss. Da Bermuda jedoch keinen Handelsüberschuss *bei Waren* mit den USA aufweist, wurde es nur mit einem Zollsatz von 10 Prozent belegt. In ähnlicher Weise importieren die EU und die Schweiz viele Dienstleistungen aus den USA und hätten einen viel niedrigeren Zollsatz als die ursprünglich am 2. April verhängten Strafzölle zu zahlen gehabt, wenn Dienstleistungen in die Berechnungen einbezogen worden wären.[21]

Viertens schwanken die Handelsbilanzen mit anderen Ländern von Jahr zu Jahr. Die *New York Times* hat herausgefunden, dass Saudi-Arabien, wären die Zölle auf der Grundlage der Zahlen von 2023 statt von 2024 berechnet worden, eine höhere Abgabe als die auferlegten 10 Prozent zu zahlen gehabt hätte, da Saudi-Arabien 2023 einen Überschuss gegenüber den USA hatte. Hat Saudi-Arabien 2023 betrogen und 2024 plötzlich nicht mehr?

Ein weiterer Beweis für die Schlampigkeit der ganzen Aktion ist, dass die Formel auch Zölle auf die unbewohnten Heard- und

McDonald-Inseln vorsieht, die direkt vor der Küste der Antarktis liegen und vorwiegend von Pinguinen bevölkert werden. Das hat zu vielen Internet-Memes geführt, in denen Pinguinschwärme gegen die Abgabe »protestieren«. Trumps Handelsminister Howard Lutnick, dem offenbar nichts peinlich ist, verteidigte die Entscheidung mit den Worten: »Wenn man etwas von der Liste weglässt, werden die Länder, die im Grunde genommen versuchen, Arbitragegewinne in Amerika mitzunehmen, ihre Waren über diese Länder zu uns bringen«.[22] Zu den Heard- und McDonald-Inseln braucht man von Australien zwei Wochen mit dem Schiff, außerdem wurden sie seit zehn Jahren nicht mehr von Menschen besucht.

Berichten zufolge wurde diese simple Formel von Trump selbst nur drei Stunden vor der Bekanntgabe ausgewählt.[23] Das würde sicherlich erklären, warum der Präsident bei der Pressekonferenz eine unübersichtliche Tafel hochhielt, um seinen Plan zu veranschaulichen, deren Text die Reporter nur schwer lesen konnten.

Zusammenfassend lässt sich also sagen, dass die Formel auf einer absurden Prämisse beruhte, nicht auf Gegenseitigkeit, nur einen Teil der Handelsbeziehungen mit anderen Ländern umfasste, einen willkürlichen Zeitraum zugrunde legte, falsche Zahlen für die Preiselastizität verwendete und die alberne Folge hatte, dass nicht existierender Handel mit Pinguinen besteuert wurde.

Angesichts all dessen ist es nicht verwunderlich, dass ein liberaler Ökonom wie Paul Krugman diesen Ansatz als »etwas, das von einem Nachwuchsmitarbeiter mit nur wenigen Stunden Vorlaufzeit zusammengeschustert wurde«, bezeichnet.[24] Sogar das konservative American Enterprise Institute, das nur selten mit Krugman übereinstimmt, lehnte die Formel als »weder in der Wirtschaftstheorie noch im Handelsrecht begründet« ab.[25]

## Den Raum überfluten

Die Flut von Ankündigungen seitens der Regierung hat zu einer intensiven Suche nach den zugrunde liegenden Prinzipien geführt.

Unter Trumps Anhängern wird oft behauptet, der Präsident spiele dreidimensionales Schach, während der Rest der Welt Dame spiele. Es scheint jedenfalls so, als sei schnelles Handeln Teil des Plans der Regierung gewesen, da es ähnlich rasche Maßnahmen zum Abbau von Stellen im öffentlichen Dienst und zur Abschiebung von Einwanderern gab. Gleichzeitige Aktionen an mehreren Fronten sind ein Mittel, um Gegner aus dem Konzept zu bringen und die Medien abzulenken, oder, wie Steve Bannon, ein Berater Trumps in seiner ersten Amtszeit, es beschreibt, »den Raum mit Scheiße zu überfluten«.

Aber dies ist sicherlich ein Moment, in dem man sich an das Prinzip von Ockhams Rasiermesser halten sollte, laut dem die einfachste Erklärung oft die wahrscheinlichste ist. Die raschen politischen Kurswechsel zeigen nicht, dass es einen ausgeklügelten Masterplan gab, sondern dass die Trump-Regierung ihn sich im Laufe der Zeit ausgedacht hat. Der Begriff »Sanewashing« wurde für Journalisten geprägt, die versuchten, in diesem Chaos eine kohärente Strategie zu finden.

Nehmen wir das Beispiel eines Mar-A-Lago-Abkommens, wie ein von Stephen Miran, dem Vorsitzenden des Wirtschaftsberatergremiums von Trump, vorgeschlagener Plan genannt wird. Der Name erinnert an das Plaza-Abkommen aus den 1980er-Jahren, als die USA andere Länder, insbesondere Japan, dazu überredeten, ihre Währungen gegenüber dem Dollar aufzuwerten. Die Idee dahinter war, dass ein stärkerer Yen und ein schwächerer Dollar japanische Importe für Amerikaner weniger attraktiv und amerikanische Exporte für Verbraucher in anderen Ländern attraktiver machen würden, wodurch das Handelsdefizit der USA reduziert würde.

Mirans Plan sah vor, die wirtschaftliche und militärische Macht Amerikas zu nutzen, um andere Länder davon zu überzeugen, ihre Handelsüberschüsse gegenüber den USA zu »korrigieren« und der US-Regierung (unter anderem) günstige Finanzierungen zu gewähren. Der Plan sah jedoch eine schrittweise Anhebung der Zölle vor, um die Märkte nicht zu verunsichern. Stattdessen erhöhte Trump am 2. April die Zölle rasch und massiv und löste damit Turbulenzen an den Märkten aus. Am 9. April setzte die Regierung dann viele der härtesten Zölle aus. Dies war nicht die Art von »glaubwürdigen Orientierungshilfen«, die Miran vorgeschlagen hatte.

Es war offensichtlich, dass diese Formel nichts Durchdachtes an sich hatte. Anstatt dreidimensionales Schach zu spielen, spielte der Präsident Dart mit einem Speer; das einzig plausible Ergebnis war die Zerstörung der Scheibe und eine große Gefahr für alle um ihn herum.

Als Beweis für Trumps »Genialität« führten seine Anhänger an, dass die Länder Schlange stünden, um über die Zölle zu verhandeln. Sie orientierten sich dabei an den Worten des Präsidenten selbst, der am 8. April bei einem Abendessen des National Republican Congressional Committee äußerte: »Ich sage Ihnen, diese Länder rufen uns an und küssen mir den Hintern. Sie wollen unbedingt einen Deal.«[26] Die Regierung verwies auf »mehr als 75« Länder, die sich an die USA gewandt hätten, um zu verhandeln.[27] Da das Weiße Haus sich weigerte, eine Liste dieser Länder vorzulegen, hatte diese Behauptung etwas von der Prahlerei eines Schuljungen: »Ich habe wirklich eine Freundin, aber ihr kennt sie nicht, weil sie auf eine andere Schule geht.«

Einige Länder, wie Vietnam, boten tatsächlich Gespräche an. Nach der fragwürdigen Formel von Trump drohte Vietnam ein Zollsatz von 46 Prozent. Dieser Wert entsprang allein der Fantasie und hatte nichts mit der tatsächlichen vietnamesischen Handelspolitik zu tun. Unabhängig davon, auf welchen Deal sich Vietnam einlässt, ist es unmöglich, dass sein Handelsüberschuss gegenüber den USA verschwindet, es sei denn, die USA verhängen ein vollständiges Embargo für vietnamesische Importe. Auch Großbritannien schloss einen Deal mit Trump, allerdings handelte es sich dabei, wie bereits erwähnt, um eine unverbindliche Vereinbarung, die nur eine begrenzte Anzahl von Sektoren betraf.

Das Aushandeln angemessener Handelsabkommen dauert Jahre, nicht nur wenige Wochen (die Schaffung der Transpazifischen Partnerschaft von zwölf Ländern zog sich über sieben Jahre). Daher war es vielleicht nicht überraschend, dass Trump am 16. Mai ankündigte, er werde anderen Ländern einfach mitteilen, welche Zölle für sie gelten würden. Dies implizierte eine Rückkehr zu höheren Sätzen als den am 9. April festgelegten 10-Prozent-Basissätzen. Die Zukunft des Handels gestaltet sich eher wie ein wirres Flickwerk denn als zusammenhängendes Ganzes.

Diese mangelnde Kohärenz erklärt, warum andere Länder, genauso wie die meisten Ökonomen, offenbar Schwierigkeiten haben zu verstehen, was die USA mit diesem Vorgehen eigentlich erreichen wollen. Wie in Kapitel 4 erläutert wird, besteht eines der Ziele offensichtlich darin, mehr Arbeitsplätze in der Produktion zu schaffen und zu einer Art goldenem Zeitalter der manuellen Arbeit zurückzukehren.

Das ist jedoch bei Weitem nicht das einzige Ziel. Tatsächlich wurde die ursprüngliche Einführung von Zöllen auf Produkte aus China, Kanada und Mexiko (am 1. Februar 2025) damit begründet, dass die beiden letztgenannten Länder nicht genug unternommen hätten, um illegale Einwanderer zu stoppen, und dass alle drei Länder für den Zustrom der hochgradig suchterzeugenden Droge Fentanyl in die USA verantwortlich seien. Das war besonders hart gegenüber Kanada, da 2024 insgesamt nur 43 Pfund der Droge an der Nordgrenze der USA beschlagnahmt wurden, weniger als 1 Prozent der Menge, die Zollbeamte an der Südgrenze im selben Zeitraum konfiszierten.[28]

Ein weiteres mögliches Ziel ist die Steigerung der Einnahmen. Peter Navarro, Handelsberater des Präsidenten, behauptete, dass die Zölle jährlich 600 Milliarden US-Dollar einbringen könnten, während Trump die Idee ins Spiel brachte, dass die Zolleinnahmen sogar die Bundeseinkommensteuer für diejenigen ersetzen könnten, die weniger als 200 000 US-Dollar verdienen.[29] Beide Behauptungen sind unrealistisch (siehe Kapitel 3). Und wenn die Importe hoch genug wären, um erhebliche Summen einzunehmen, würde dies auf das Scheitern einer anderen Priorität der Regierung hindeuten. Dann hätten die Unternehmen ihre Warenproduktion nämlich nicht zurück nach Amerika verlagert.

Schließlich hat Trump auch Zölle (oder deren Androhung) eingesetzt, um seinen Willen gegenüber anderen Ländern durchzusetzen. Als der kolumbianische Präsident im Januar über die Abschiebung von Migranten in sein Land klagte, drohte Trump mit 25 Prozent Zöllen auf kolumbianische Importe, bis der Präsident einlenkte. Möglicherweise mag Trump Zölle so sehr, weil sie leicht zu verhängen sind und andere Nationen dazu zwingen, um Vereinbarungen zu betteln. Trump, der sich selbst als Alpha-Männchen sieht, genießt diese Machtdemonstration.

Folglich kann man diese Handelsstrategie als Teil eines umfassenderen Versuchs ansehen, Macht auszuüben. Sie steht im Einklang mit Trumps offensichtlicher »Bewunderung von Diktatoren«, die ihn dazu veranlasst, Wladimir Putin weitaus mehr Bewunderung entgegenzubringen als den Führern der traditionellen Verbündeten der USA. Trump hat sich in seinen Versuchen, den Krieg zwischen Russland und der Ukraine beizulegen, eindeutig auf die Seite Russlands gestellt. Es scheint, dass der Präsident Russland ebenso wie die USA als Großmacht betrachtet, die das Recht hat, Länder in ihrem Einflussbereich zu kontrollieren. Während die Biden-Regierung die Ukraine als befreundete Demokratie unterstützte, die angegriffen worden war, scheint sich das Weiße Haus unter Trump von einem Zitat leiten zu lassen, das vom griechischen Historiker Thukydides stammt: »Die Starken schreiten voran, soweit es ihre Kraft erlaubt, die Schwachen gehen zurück, soweit ihre Schwäche sie dazu nötigt.«

Dieselbe Philosophie steckt hinter Trumps Drohungen, die Kontrolle über den Panamakanal zu übernehmen, Grönland (das derzeit von Dänemark, einem NATO-Verbündeten, regiert wird) zu annektieren, Kanada einzugliedern (eine Drohung, die in Kanada eine Welle des Patriotismus ausgelöst hat) und sogar, was am absurdesten ist, den zerstörten Gazastreifen in eine Riviera des Nahen Ostens zu verwandeln. Trump hofft offenbar, durch die

Erweiterung des US-Territoriums in die Ruhmeshalle der größten Präsidenten Amerikas einzutreten und am Mount Rushmore verewigt zu werden – und auf diese Weise seinen Ehrgeiz zu befriedigen.

Diese Aggression schwächt die beträchtliche Soft Power der USA, wie in Kapitel 6 ausführlicher erläutert wird. »Den Raum mit Scheiße zu überfluten« mag die Medien verwirren, aber es verwirrt auch die Verbündeten der USA. Niemand weiß, was Trump als Nächstes ankündigen wird, und man kann sich nicht auf ihn als Partner verlassen, egal ob es um Handel, Verteidigung oder andere Themen geht.

## Downmarket-Ansatz

Dieses unvorhersehbare Verhalten verwirrt auch die Märkte. Trump prahlte während seiner ersten Amtszeit mit der starken Performance des US-Aktienmarkts. In seiner zweiten Amtszeit scheint er sich jedoch nicht daran zu stören, wenn die Aktienkurse fallen, selbst wenn diese Rückgänge eindeutig eine direkte Reaktion auf seine Pläne zur Verhängung von Zöllen sind. In den zwei Tagen nach der Ankündigung seines Handelspaketes verlor der S&P 500 ganze 5 Billionen US-Dollar an Wert.[30] Nachdem Trump erklärt hatte, die Zölle würden »Amerika wieder reich machen«, entsprach der Rückgang der Aktienkurse einem Verlust von fast 15000 Dollar pro US-Bürger.

Im März, als die Androhung von Zöllen bereits die Märkte verunsicherte, wartete Trump missmutig mit einer Erklärung für den Rückgang der Aktienkurse auf: »Viele von ihnen sind globalistische Länder und Unternehmen, denen es nicht so gut gehen wird, weil wir Dinge zurückholen werden, die uns vor vielen Jahren genommen wurden.«[31] (»Globalist« wird in den USA häufig von politisch Rechten als Schimpfwort verwendet und ist antisemitisch konnotiert, da mit dieser Bezeichnung auch der jüdische Finanzier George Soros verbal angegriffen wurde.)[32]

Was Trump offenbar umstimmte, war nicht der Aktienmarkt, sondern der Anleihenmarkt. In den USA finanziert die Regierung ihr Haushaltsdefizit über den Markt für Staatsanleihen (zusammen mit kurzfristigeren Schuldtiteln, den sogenannten Treasury Bills). James Carville, ein Berater von Präsident Bill Clinton, sagte in den 1990er-Jahren, er wolle als Anleihenmarkt wiedergeboren werden, weil er dann zurückkommen und jeden einschüchtern könne.

Die meisten Anleihen werden mit einem festen Zinssatz, in der Fachsprache »Kupon« genannt, ausgegeben, der den Anlegern bis zur Rückzahlung der Schuld (Fälligkeit) gezahlt wird. Während der Kupon unverändert bleibt, sind Anleihen handelbar, sodass ihr Preis ständig schwankt. So kann der Preis einer Anleihe mit einem Nennwert von 100 auf 120 US-Dollar steigen oder auf 80 US-Dollar fallen. Nehmen wir eine Anleihe mit einem Kupon von 5 Prozent, das heißt 5 US-Dollar pro 100 US-Dollar. Wenn der Preis auf 80 US-Dollar fällt, ist die Rendite proportional höher als bei einem Preis von 100 US-Dollar, und sie ist proportional geringer, wenn der Preis auf 120 US-Dollar steigt.

Das Verhältnis zwischen dem Kupon und dem Anleihekurs wird als Rendite bezeichnet. Entscheidend ist, dass die Rendite steigt, wenn die Anleihekurse fallen, und dass die Rendite sinkt, wenn die Anleihekurse steigen. Dies ist von Bedeutung, da die US-Regierung – wie viele andere Regierungen auch – hohe Schulden hat. Zum Zeitpunkt der Entstehung dieses Buches beliefen sich die Schulden auf 36,9 Billionen US-Dollar, und im Jahr 2024 wurden mehr als 1,1 Billionen US-Dollar für den Schuldendienst aufgewendet.[33] Im Laufe eines jeden Jahres wird ein erheblicher Teil der Schulden fällig und muss refinanziert werden. Höhere Renditen bedeuten, dass die Kosten für die Refinanzierung dieser Schulden steigen werden.

Für viele Regierungen kann dies zu einem Teufelskreis werden. Mit steigenden Kosten für den Schuldendienst wird es für die Regierung schwieriger, ihren Haushalt auszugleichen. Das bedeutet, dass sie mehr Schulden aufnehmen muss, was wiederum noch höhere

Zinszahlungen nach sich zieht und so weiter. Traditionell war die US-Regierung von diesem Problem nicht betroffen. Nach dem am häufigsten verwendeten Maßstab sind die USA die größte Volkswirtschaft der Welt, und der Markt für US-Staatsanleihen ist der liquideste Markt weltweit. Investoren betrachten US-Staatsanleihen als »sicheren Hafen« und neigen dazu, dort Gelder zu parken, wenn sie nervös sind. Im Jahr 2008, als die Finanzkrise – ausgelöst durch unverantwortliche Kreditvergaben auf dem US-Immobilienmarkt – in vollem Gange war, fiel die Rendite der 30-jährigen US-Staatsanleihen von 4,45 Prozent zu Jahresbeginn auf 2,7 Prozent zum Jahresende.[34] Eine Krise, die in Amerika ausgelöst wurde, hatte zur Folge, dass die Zinskosten der US-Regierung sanken.

Die Sicherheit von US-Staatsanleihen bedeutet normalerweise, dass bei einem Einbruch der Aktienmärkte, wie nach Trumps Ankündigung vom 2. April, die Preise für Staatsanleihen steigen (und die Renditen fallen). Aktien erscheinen riskanter, also kauft man Anleihen, so die Betrachtungsweise. Anfang April 2025 war dies jedoch nicht der Fall: Die Rendite 10-jähriger US-Staatsanleihen stieg in der Woche nach dem 2. April von 3,9 Prozent auf 4,5 Prozent, während die Rendite 30-jähriger Anleihen von 4,4 Prozent auf über 5 Prozent stieg.[35]

Es waren diese Turbulenzen am Anleihenmarkt, die offenbar Scott Bessent, den Finanzminister, und Howard Lutnick, den Handelsminister, so erschreckten, dass sie Trump davon überzeugten, die höheren Zölle auszusetzen. Laut dem *Wall Street Journal* warteten Bessent und Lutnick, bis Peter Navarro, Trumps Handelsberater, der einen besonders harten handelspolitischen Kurs vertritt, in einer anderen Sitzung war, bevor sie sich an den Präsidenten wandten.[36] Nachdem Trump dann am 9. April einige der Zölle verschoben hatte, sanken die Anleiherenditen erwartungsgemäß.

Die ablehnende Reaktion der Märkte erinnerte einige an die Erfahrungen Großbritanniens im Herbst 2022, als die Regierung von Liz Truss in einer Zeit hoher Inflation die Steuern senkte, ohne einen klaren Plan zur Begrenzung der Staatsverschuldung zu haben.

Die Finanzturbulenzen trugen maßgeblich zum Rücktritt von Truss bei, nach der kürzesten Amtszeit eines britischen Premierministers aller Zeiten.

Tatsächlich gab es noch eine auffällige und beunruhigende Parallele zu Truss. Normalerweise steigt der Wert des Dollars gegenüber anderen Währungen, wenn die Renditen für US-Staatsanleihen steigen. Höhere Anleiherenditen bedeuten, dass der Dollar internationalen Investoren höhere Erträge bietet, was das Halten von Dollar attraktiver macht. In der Woche nach dem 2. April war dies jedoch nicht der Fall. Der Dollar fiel, was eine dreifache Misstrauensbekundung gegenüber der Wirtschaftspolitik darstellte: fallende Aktienkurse, fallende Anleihekurse und eine fallende Währung.

Diese Kombination, die als »sell America«-Trade bekannt wurde, hielt nicht lange an. Sie war jedoch ein beunruhigendes Zeichen dafür, dass internationale Investoren ihr langjähriges Vertrauen in amerikanische Vermögenswerte als Eckpfeiler ihrer Portfolios verlieren könnten. John Authers von Bloomberg berechnete, dass der Dollar in den ersten 100 Tagen der Amtszeit von Trump handelsgewichtet um 10 Prozent gefallen war – der schlechteste Start eines Präsidenten seit den 1970er-Jahren, als die Währung ihre Goldbindung verlor. Es war auch die schlechteste Börsenperformance in den ersten 100 Tagen seit Richard Nixons zweiter Amtszeit, als die USA in einer Stagflation steckten.

Trump-Anhänger können auf die Rallye verweisen, die in der zweiten Aprilhälfte und Anfang Mai die Verluste des Aktienmarkts wieder wettmachte. Diese Erholung beruhte jedoch auf der Annahme, dass die am 2. April angekündigten »reziproken« Zölle (nach der 90-tägigen Aussetzung) nicht wieder eingeführt würden und dass die Aussetzung der von den USA und China verhängten Vergeltungszölle dauerhaft sein würde.

Die Begeisterung über diese Entwicklung verschleiert einen wichtigen Punkt. Es war Trumps ursprüngliche Politik, die die Märkte nach unten gedrückt hat, und sein Rückzug von dieser Politik, der ihnen eine Erholung ermöglichte. Das ist ein bisschen so, als würde ein Koch seinen Gästen ein Essen servieren, von dem sie eine Lebensmittelvergiftung bekommen, und dann Lob dafür einheimsen, dass er anschließend einen Krankenwagen gerufen hat.

Die naive Bereitschaft der Börse, Trump zu vergeben, ist fast schon rührend. Als er im November 2024 gewählt wurde, stiegen die Aktienkurse, weil die Anleger dachten, er würde die Zölle, die er während des Wahlkampfs immer wieder angekündigt hatte, nicht wirklich einführen. Ende April und im Mai erholten sich die Aktienkurse, weil man davon ausging, dass Trump die Zölle letztendlich fallen lassen würde. Robert Armstrong von der *Financial Times* bezeichnete das als »Taco-Theorie«, wobei das Akronym für »Trump Always Chickens Out« (»Trump macht immer einen Rückzieher«) steht.[37] Geht man nach der Wut des Präsidenten, als er mit diesem Begriff konfrontiert wurde,[38] könnte er die Zölle wieder einführen, nur um zu zeigen, dass er nicht kneift.

## Eine riskante Angelegenheit

Die Wall Street ist bestenfalls ein unvollkommener Indikator für die Gesundheit der US-Wirtschaft. Der Ökonom Paul Samuelson scherzte einmal, dass der Aktienmarkt neun der letzten fünf Rezessionen vorhergesagt habe. Es gab jedoch deutliche Anzeichen dafür, dass das Vertrauen der Unternehmen durch das Zollpaket beeinträchtigt worden war. Die Empire State Manufacturing Survey der New Yorker Federal Reserve Bank vom April ergab, dass die Unternehmen pessimistisch in die Zukunft blickten und der Index für die erwartete allgemeine Geschäftslage auf den zweitniedrigsten Stand seit seiner Einführung fiel.[39] Die Umfrage vom Mai zeigte einen weiteren Rückgang der Geschäftstätigkeit.[40] Die Umfrage der Federal Reserve Bank of Philadelphia zum produzierenden Gewerbe ergab, dass der Anteil der Unternehmen, die eine Erhöhung ihrer Investitionsausgaben planten, von 39 Prozent im Januar auf nur noch 2 Prozent im April sank.[41] Beachten Sie, dass es sich hierbei um den Industriesektor handelt, also genau den Wirtschaftszweig, dem Trump eigentlich helfen wollte.

Die Zölle dürften erhebliche Auswirkungen auf den internationalen Handel haben. Dies zeigt sich an der Menge des Containerverkehrs von China in die USA, der sich in den Wochen nach Verhängung der Strafzölle fast halbiert hat.[42] Als weiterer Beleg für den Rückgang gab die deutsche Reederei Hapag-Lloyd im April bekannt, dass 30 Prozent ihrer Fahrten von China in die USA gestrichen worden seien,[43] während die Luftfrachtbranche einen Rückgang der Buchungen aus China um rund 30 Prozent vermeldete.[44] Im Mai kam es zu einer Erholung des Containerverkehrs, nachdem die einschneidendsten Strafzölle gesenkt worden waren, aber diese Belebung führte zu einem Anstieg der Versandkosten, eine Belastung, die an die Verbraucher weitergegeben werden könnte.[45]

Im ersten Quartal 2025 stiegen die Importe, da die Unternehmen sich beeilten, Waren vor Inkrafttreten des Zollpakets einzuführen. Obwohl weithin berichtet wurde, dies würde einen Rückgang des BIP verursachen, tat es das nicht. Wie der Name schon sagt, werden im Bruttoinlandsprodukt nur im Inland produzierte Waren und Dienstleistungen berücksichtigt, sodass Importe zu dieser Größe nicht hinzuaddiert oder von dieser abgezogen werden.[46] Diese gestiegenen Importe scheinen sich größtenteils in den Lagerbeständen niedergeschlagen zu haben, die rapide um 2,25 Prozent angestiegen sind. Dieser Effekt könnte sich jedoch in den folgenden Quartalen umkehren, mit unvorhersehbaren Auswirkungen auf das Wachstum.

Wären die Strafzölle beibehalten worden, hätte dies Auswirkungen auf die gesamte Wirtschaft gehabt. Lkw-Fahrer hätten weniger Fracht von Los Angeles und anderen Häfen zu transportieren gehabt, und letztendlich wären weniger Waren in die Einkaufszentren gelangt. Der Fernsehsender CBS berichtete, dass die Vorstandsvorsitzenden von Walmart und Target, zwei der größten Einzelhandelsketten der USA, den Präsidenten gewarnt hätten, dass die Zölle innerhalb weniger Wochen zu leeren Regalen führen könnten.[47]

Weitere Hinweise auf mögliche Probleme lieferte eine Umfrage der US Toy Association. Rund 80 Prozent der in amerikanischen Geschäften verkauften Spielzeuge werden in China hergestellt.[48] Die Aussicht auf Zölle von 145 Prozent auf chinesische Waren war daher völlig unzumutbar. Eine am 18. April veröffentlichte Umfrage unter den Mitgliedern ergab, dass 87 Prozent der mittelständischen Spielzeugunternehmen ihre Bestellungen aufschoben, 80 Prozent ihre Bestellungen stornierten und 45 Prozent damit rechneten, innerhalb weniger Wochen oder Monate ihr Geschäft aufgeben zu müssen. Spielzeug für die Weihnachtszeit wird bereits im Juli bestellt, sodass Trump auch schon mit 30-prozentigen Zöllen auf chinesische Importe für viele amerikanische Kinder zu dem Grinch werden könnte, der Weihnachten gestohlen hat.

Generell kann man den Unternehmensführern ihre völlige Verwirrung nachsehen. Die Aussetzung der Strafzölle gegen China für nur 90 Tage könnte zu einer weiteren Eile bei der Bestellung von Waren führen, für den Fall, dass die Zölle in Höhe von 145 Prozent im August wieder eingeführt werden. Dieses Muster von Überfluss und Mangel erschwert das Leben der Unternehmen erheblich.

Das gleiche Problem betrifft Trumps offensichtliches strategisches Ziel, die Produktion zurück in die USA zu holen. Nach dem 2. April haben sich Führungskräfte möglicherweise gefragt, ob sie ihre Produktion wirklich verlagern müssen, da fast alle kostengünstigen Produktionsstandorte weltweit von hohen Zöllen betroffen waren. Aber eine Woche später wurde das globale System auf den Kopf gestellt, und einen Monat später gab es das Abkommen mit China. In beiden Fällen betrug die Pause nur 90 Tage. Angesichts dieser Veränderungen war es für die Unternehmen logisch, nichts zu tun und abzuwarten, wie die endgültige Politik aussehen würde. Das ist schlecht für die Unternehmensinvestitionen. Und wenn Trump versucht, der Autoindustrie zu helfen, funktioniert das bisher nicht: Am 29. April setzte General Motors einen Aktienrückkaufplan aus und erklärte dann zwei Tage später, dass die Zölle das Unternehmen 4 bis 5 Milliarden US-Dollar kosten würden.[49] Im

Mai fügte Ford hinzu, dass es aufgrund von Trumps Zollplänen mit einem Rückgang des Betriebsgewinns um 1,5 Milliarden US-Dollar rechne.[50]

Kleine Unternehmen leiden ebenso stark. Ende April schrieb die US-Handelskammer an Bessent, dass »sie täglich von kleinen Unternehmen höre, deren Existenz durch die jüngste Erhöhung der Zollsätze gefährdet sei«. Die Vereinigung forderte »sofortige Maßnahmen zur Rettung der amerikanischen Kleinunternehmen und zum Abwenden einer Rezession«. Konkret forderte die Unternehmensvereinigung, Kleinunternehmen von den Zöllen auszunehmen, automatische Ausnahmen für Waren zu gewähren, die nicht in Amerika hergestellt werden können, sowie weitere Ausnahmen, wenn nachgewiesen werden kann, dass die Zölle ein Risiko für die Beschäftigung darstellen.[51] Damit würden die Zölle in den meisten Fällen wegfallen.

Wie sieht es mit der Öffentlichkeit aus? Der Vertrauensindex des Conference Board sank in den ersten Monaten von Trumps Amtszeit. Die Umfrage vom März, vor der großen Zollankündigung, zeigte eine starke Eintrübung der Stimmung hinsichtlich der wirtschaftlichen Aussichten, und im April war die Lage sogar noch schlechter, als die Erwartungen auf den niedrigsten Stand seit 2011 fielen.[52] Nach dem teilweisen Rückzug bei der Zollpolitik kam es im Mai zu einer Erholung.[53]

Damit die Wirtschaft wachsen kann, müssen die Unternehmen genug Vertrauen haben, um zu investieren und zu expandieren, und die Verbraucher müssen bereit sein, Waren und Dienstleistungen zu kaufen. Ohne diese Voraussetzungen kann eine Wirtschaft ins Stocken geraten, ähnlich wie ein Segelboot, das ohne Wind festsitzt. Mitte April, nach der Aussetzung des ursprünglichen Zollprogramms, schätzte Goldman Sachs die Wahrscheinlichkeit einer Rezession in den USA immer noch auf 45 Prozent, während der Internationale Währungsfonds, die 1944 mit Hilfe von Keynes gegründete internationale Handelsorganisation, die Wahrscheinlichkeit auf knapp 40 Prozent schätzte (die USA wurden in der Prognose am stärksten getroffen.[54] Goldman senkte das Risiko jedoch nach dem vorübergehenden Abkommen mit China auf 35 Prozent).

Zusammenfassend lässt sich sagen, dass alle in diesem Kapitel beschriebenen Schäden selbst verschuldet sind. Wie es in einem alten Horrorfilm heißt: »Der Anrufer ist im Haus.«[55]

Es ist natürlich möglich, dass der Deal mit China vom Mai und das Gerichtsurteil später im selben Monat den vollständigen Verzicht auf Trumps Pläne bedeuten. Hoffen wir, dass dies der Fall ist. Das würde jedoch Trumps festgefahrenen Positionen zu den Vorteilen (oder Nachteilen) des internationalen Handels widersprechen, die im nächsten Kapitel behandelt werden.

KAPITEL 2

# Handel ist das Wesen des modernen Lebens

»Praktiker, die sich für völlig frei von intellektuellem Einfluss halten, sind in der Regel Sklaven längst verstorbener Ökonomen. Verrückte in Führungspositionen, die Stimmen aus der Luft hören, schöpfen ihren Wahnsinn aus den Schriften irgendwelcher akademischen Schreiberlinge von vor einigen Jahren.«

**John Maynard Keynes,** *Allgemeine Theorie der Beschäftigung, des Zinses und des Geldes*

»Ein Familienvater, der weitsichtig handelt, folgt dem Grundsatz, niemals zu versuchen, etwas herzustellen, das er woanders billiger kaufen kann. So sucht der Schneider, seine Schuhe nicht selbst zu machen, er kauft sie vielmehr vom Schuhmacher. Dieser wiederum wird nicht eigenhändig seine Kleider nähen, sondern lässt sie vom Schneider anfertigen.«

**Adam Smith,** *Der Wohlstand der Nationen*

Menschen betreiben seit jeher Handel. Archäologen haben Hinweise auf den Handel mit Steinwerkzeugen zwischen Menschen gefunden, die vor 320 000 Jahren in Afrika lebten.[56] Diese Werkzeuge wurden nur über eine Entfernung von 80 Kilometern transportiert, aber um 7000 v. Chr. wurde Obsidian, ein schwarzes vulkanisches Glas, aus der Zentraltürkei nach Zypern gebracht. Die mesopotamische Zivilisation, die um 3000 v. Chr. entstand, trieb Handel in einem Gebiet, das den Persischen Golf, den Kaukasus und das Indus-Tal umfasste.[57]

Neben diesem Fernhandel gab es auch auf lokaler Ebene reges Handelstreiben. Bauern tauschten ihre Ernte gegen andere Güter wie Kleidung oder Töpfe. Und natürlich dominiert diese Art des Handels auch heute noch. Wenn Politiker von Handel sprechen, meinen sie den grenzüberschreitenden Austausch von Waren und Dienstleistungen. Aber wir alle handeln jeden Tag, das ist das Wesen der menschlichen Gesellschaft.

Schauen Sie sich in Ihrer Wohnung um. Wie viele Gegenstände könnten Sie herstellen, wenn Sie es wirklich müssten und die Zeit dafür hätten? Nur einen winzigen Bruchteil. Wir entwickeln Fachkenntnisse in der Behandlung von Patienten, im Haareschneiden, im Unterrichten von Kindern (oder im Schreiben von Büchern) und tauschen dann den Lohn, den wir dafür erhalten, gegen die Waren und Dienstleistungen, die wir uns wünschen.

In seinem 1776 erschienenen Buch *Der Wohlstand der Nationen* beschrieb Adam Smith einen der wichtigsten Vorteile des Handels: die Spezialisierung. Er verwendete das Beispiel einer Stecknadelmanufaktur, in der alle verschiedenen Produktionsstufen voneinander getrennt waren, wodurch der Prozess wesentlich effizienter wurde. Diese Schlussfolgerungen lassen sich auf die gesamte Wirtschaft übertragen. Jeder von uns übt die Tätigkeit aus, die ihm den höchsten Ertrag bringt (oder ihm die größte Befriedigung verschafft), und das Ergebnis ist ein viel größerer Wohlstand, als wenn wir unsere Tage damit verbringen würden, unsere eigenen Lebensmittel anzubauen, unsere eigene Kleidung herzustellen und so weiter. (Mein Lehrer im Werkunterricht sagte mir, ich sei der schlechteste Schüler, den er in 40 Jahren unterrichtet habe, daher bin ich sehr froh, dass ich nicht auf meinen eigenen Möbeln sitzen muss.)

Während eines Großteils der Menschheitsgeschichte fand der Handel hauptsächlich lokal statt. Der Fernhandel war langwieriger, riskanter und konzentrierte sich in der Regel auf hochwertige Güter. Aber die Gewinne konnten groß sein. Sowohl das Römische Reich als auch das Mongolische Reich registrierten den Wohlstand, den der Handel bringen konnte, und förderten ihn nicht nur, sondern versuchten auch, ihn zu schützen.

Wie Adam Smith erkannte, gilt das für den Einzelnen ebenso wie für eine Nation. So wie der Schuster am besten Schuhe herstellt und der Schmied Eisenwerkzeuge, könnte Portugal am besten in der Weinproduktion und England am besten darin sein, Wolle zu produzieren. Handel ist kein Nullsummenspiel, bei dem eine Seite verlieren muss. Um Smiths Beispiel zu nehmen: Am Ende haben die Engländer *sowohl* Wein *als auch* Textilien, die Portugiesen Textilien *und* Wein.

Smith kämpfte jedoch gegen eine Denkschule namens Merkantilismus, deren ferner Anhänger Trump ist. Der Merkantilismus entstand mit dem modernen Staat, dessen Regierungen Reichtum als Gold und Silber in ihren Schatzkammern und in den Händen der Kaufleute betrachteten, die sie besteuern konnten. Wenn eine Nation mehr importierte als exportierte, bedeutete dies, dass sie Gold und Silber für diese Importe eintauschte und die Reserven an Edelmetallen schrumpften. Nach der Logik der Merkantilisten bedeutete dies, dass es der Nation schlechter ging.

Smith argumentierte, dass der Wohlstand einer Nation nicht von ihren Gold- und Silbervorräten abhängt, sondern von den Gütern und Dienstleistungen, die sie konsumiert und produziert. Der Handel erhöht diesen Fluss von Gütern und Dienstleistungen und sollte gefördert, nicht eingeschränkt werden. Smiths Ansichten wurden vom Ökonomen David Ricardo im 19. Jahrhundert weiterentwickelt. Smith argumentierte, dass Länder mit einem absoluten Vorteil in einem Bereich miteinander handeln sollten (der Wolle-Wein-Tausch zwischen England und Portugal). Ricardo sagte jedoch, dass dies auch dann gelte, wenn Länder einen komparativen Vorteil hätten. Wenn Land A Waschmaschinen zu 80 Prozent so effizient wie Land B und Autos zu 65 Prozent so effizient produziert, ist es besser, wenn Land A sich auf Waschmaschinen und Land B auf Autos konzentriert. Dieses Konzept schuf viele weitere theoretische Rechtfertigungen für den Handel.

Als Smith und Ricardo ihre jeweiligen Abhandlungen schrieben, war Großbritannien noch keine wirkliche Freihandelsnation. So durfte beispielsweise gemäß dem Navigation Act der Handel mit den Kolonien nur mit britischen Schiffen betrieben werden. Im 19. Jahrhundert bewegte sich das Land jedoch stetig in Richtung Freihandel. Es hatte sich lange vor anderen Nationen industrialisiert und verfügte daher über einen enormen Wettbewerbsvorteil.

## Die erste Phase der Globalisierung

Obwohl andere Nationen außer Großbritannien weiterhin Einfuhrzölle erhoben, kam es in der zweiten Hälfte des 19. Jahrhunderts zu einer massiven Ausweitung des Welthandels, da Eisenbahnen und Dampfschiffe den Zeitaufwand und die Kosten für den Transport von Waren auf den Markt drastisch reduzierten. Diese Kostensenkungen überwogen die Auswirkungen der Zölle und brachten billige Lebensmittel aus den USA und Südamerika nach Europa. Dies führte zu einer Verbesserung des Lebensstandards der Industriearbeiter (etwas, das in der ersten Hälfte des 19. Jahrhunderts, als das Ausmaß der Armut Karl Marx zu seinen Schriften inspirierte, nicht der Fall war). Diese billigen Lebensmittel waren zwar schlecht für die europäische Landwirtschaft, veranlassten jedoch Millionen von Landarbeitern zur Auswanderung in die USA, die britischen Kolonien und nach Südamerika, wo sie als Arbeitskräfte zum Wachstum dieser Volkswirtschaften beitrugen.

Die erste große Ära der Globalisierung wurde durch den Ersten Weltkrieg jäh beendet. Die Zwischenkriegszeit begann für die USA gut, aber der größte Teil Europas erlebte keine Roaring Twenties. Die britische Wirtschaft war mit Deflation und hoher Arbeitslosigkeit konfrontiert (teilweise aufgrund von Churchills Entscheidung für den Goldstandard), und Deutschland litt unter einer Hyperinflation. Die 1930er-Jahre waren noch schlimmer, als sich die Weltwirtschaftskrise ausbreitete. Der Handel brach ein; die weltweiten Exporte waren Ende der 1930er-Jahre gemessen als Anteil am BIP nur noch halb so hoch wie 1914.

Als die demokratische Welt nach 1945 versuchte, sich wieder aufzubauen, zog sie einige Lehren aus der Zwischenkriegszeit. Weder Japan noch Westdeutschland wurden mit massiven Reparationszahlungen belastet, wie sie Deutschland im Versailler Vertrag von 1919 auferlegt worden waren. Die USA unternahmen sogar besondere Anstrengungen, um beide Volkswirtschaften wieder aufzubauen. Der Marshall-Plan für Auslandshilfe aus den USA half den Volkswirtschaften Westeuropas, sich zu erholen. Diese Hilfe war zum Teil darauf ausgerichtet, die Bedrohung durch den Kommunismus abzuwenden, aber die USA erkannten auch, dass die Europäer wichtige Abnehmer für ihre Industrien sein würden. Die amerikanischen Politiker waren sich damals bewusst, dass Handel kein Nullsummenspiel ist. Sie unterzeichneten das Allgemeine Zoll- und Handelsabkommen (GATT), das 1948 in Kraft trat, um Handelsbarrieren abzubauen.

Zwei Ländergruppen folgten nicht dem Weg zu freierem Handel. Hierzu gehört zum einen der kommunistische Block, der viele ausländische Produkte ausschloss. Während es der Sowjetunion damals sicherlich gelang, Wachstum in der Schwerindustrie (wie zum Beispiel Stahl) zu generieren, starke Militärkräfte aufzubauen und zunächst die Führung beim Wettlauf ins All zu übernehmen, stagnierte jedoch der Konsumsektor des Landes. Die Bevölkerung wurde sich allmählich bewusst, dass die Menschen in den USA und Westeuropa einen höheren Lebensstandard genossen, während viele sowjetische Waren, wie beispielsweise Autos, von minderer Qualität waren. Nach dem Fall des Eisernen Vorhangs trat ein Großteil Osteuropas der EU bei, während Russland zu einem Beispiel für »autoritären Kapitalismus« wurde, bei dem reiche Männer – nach

Lust und Laune von Wladimir Putin – die Unternehmen des Landes kontrollierten.

Die andere große kommunistische Macht, China, traf unter Mao einige katastrophale wirtschaftliche Entscheidungen, wie beispielsweise den Großen Sprung nach vorn (1958–1962), der zu einer weitverbreiteten Hungersnot führte. Der Aufstieg des Landes zu Wohlstand begann erst unter Maos Nachfolger Deng Xiaoping, der 1978 die Macht übernahm. Nach dem Motto »Es ist egal, ob die Katze schwarz oder weiß ist, solange sie Mäuse fängt« gab Deng den Bauern und Unternehmen mehr Freiheit, ihren eigenen Weg zu gehen und einen Teil ihrer Gewinne zu behalten. Nach und nach wurde China Teil der globalen Handelswirtschaft, wodurch Hunderte Millionen Menschen der extremen Armut entkommen konnten.

Die zweite Gruppe von Ländern, die einen anderen Weg einschlug, umfasste Indien und viele Nationen in Südamerika, die sich für eine Politik der »importsubstituierenden Industrialisierung« entschieden. Dahinter stand die Idee, dass die westliche Welt diese Länder ausbeute, indem sie sie mit importierten Fertigprodukten überschütte und ihnen nur die Produktion margenschwacher und volatiler Rohstoffe überlasse. Stattdessen wollten die Entwicklungsländer sich Importen versperren und eigene Industrien in Bereichen wie Automobilbau und Haushaltsgeräte aufbauen.

Das Problem der importsubstituierenden Industrialisierung besteht darin, dass sie sehr leicht zu einem Kumpel-Kapitalismus führt, in dem begünstigte Unternehmen in der Gewissheit gedeihen, dass sie nicht durch ausländische Konkurrenz untergraben werden können. Die Folge sind höhere Preise und minderwertige Waren für die inländischen Verbraucher. Solche Produkte sind nicht gut genug, um auf den globalen Märkten zu bestehen.

Im Gegensatz dazu konzentrierten sich einige der Erfolgsgeschichten in Asien, wie Taiwan und Südkorea, eher auf die Steigerung der Exporte als auf den Ausschluss von Importen. Dies war keine Geschichte des »freien Marktes« – es gab zahlreiche staatliche Eingriffe, um Unternehmen wie Hyundai und Samsung zu fördern –, aber die Ausrichtung auf den globalen Markt stellte sicher, dass diese Unternehmen wettbewerbsfähig wurden. Indien begann 1991 mit der Liberalisierung und hat seitdem bemerkenswerte Erfolge bei der Steigerung seines Wirtschaftswachstums und der Senkung der Armutsquote von 55 Prozent auf 16 Prozent innerhalb von 15 Jahren erzielt (das entspricht 415 Millionen Menschen).[58] Das Land weist zwar weiterhin protektionistische Tendenzen auf, ist aber viel stärker auf den globalen Handel ausgerichtet als in den 1970er- und 1980er-Jahren.

## Die Globalisierung nimmt Fahrt auf

Mitte der 1960er-Jahre hatten 50 Länder das GATT unterzeichnet, gegenüber ursprünglich 23 Gründungsmitgliedern. Wie eine Lawine gewann das Handelssystem an Fahrt, und in aufeinanderfolgenden Verhandlungsrunden wurden die Zollsätze gesenkt. Dennoch erreichte der Handel erst in den 1970er-Jahren wieder den Anteil am globalen BIP, den er vor 1914 hatte. Von diesem Zeitpunkt an expandierte er jedoch rasch, als China und Osteuropa dem globalen Handelssystem beitraten. Das GATT selbst wurde 1995 durch die Welthandelsorganisation (WTO) ersetzt, die die Handelsregeln formeller gestaltete und einen Mechanismus zur Beilegung von Streitigkeiten einführte. Bis etwa 2010 hatte sich der Anteil des Handels am BIP gegenüber der Zeit vor 1914 verdoppelt. Das weltweite Handelsvolumen ist heute etwa 45-mal höher (und wertmäßig 382-mal höher) als 1950.[59]

In jedem Fall ist die Hinwendung zum Freihandel gut für eine Volkswirtschaft. Ein Literaturbericht von Douglas Irwin von der Dartmouth University ergab, dass Entwicklungsländer, die Handelsbarrieren abbauten, einen Anstieg des BIP um 1 bis 1,5 Prozent pro Jahr verzeichneten, was über einen Zeitraum von zehn Jahren zu einem kumulativen Einkommensanstieg von 15 bis 20 Prozent führte.[60]

Fairerweise muss man sagen, dass vollständiger Freihandel in der Geschichte selten war. In der Regel gibt es einige Sektoren, insbesondere die Verteidigungsindustrie, in denen Länder sicherstellen wollen, dass sie im Notfall auf die heimische Versorgung zurückgreifen können. Und es gibt einige strategische Industrien, die Länder möglicherweise nicht in die Hände eines geopolitischen Konkurrenten fallen lassen wollen. Aus diesem Grund hat Joe Biden, der Vorgänger von Donald Trump, Zölle auf chinesische Halbleiter eingeführt und den Export einiger fortschrittlicher Technologien, wie beispielsweise hochwertiger Computerchips, nach China beschränkt.[61]

Bei China (und Russland) handelt es sich allerdings um autoritäre Staaten, die die Interessen der demokratischen Welt bedrohen können. Von Kanada oder Mexiko, zwei langjährigen Verbündeten, geht keine strategische Bedrohung aus, ganz zu schweigen von Großbritannien, das die USA seit Vietnam in jedem Krieg loyal unterstützt hat. Tatsächlich hat Trump mit der Einführung drastischer Zölle für Länder auf der ganzen Welt am 2. April es für andere Nationen attraktiver gemacht, sich mit China, das über einen wesentlich stabileren politischen Entscheidungsprozess verfügt, zu verbünden.

## Antiglobalisierung

Die Opposition gegen die Globalisierung begann sich in den 1990er-Jahren zu formieren und konzentrierte sich zunächst auf die Macht multinationaler Konzerne und die schlechte Behandlung von Arbeitnehmern in Entwicklungsländern. Diese Kritik kam vor allem aus dem linken politischen Lager. Zwei Ereignisse verlagerten jedoch den Schwerpunkt der Kritik auf Politiker der Rechten. Das erste war der Beitritt Chinas zur WTO im Jahr 2001 nach langen Verhandlungen, in denen China sich zur Öffnung seiner Märkte bereit erklärte.

Die Hoffnung bestand darin, dass China nach dem Beitritt zur WTO schrittweise liberalisiert werden könnte und mit dem Entstehen einer prosperierenden Mittelschicht der Einfluss der Kommunistischen Partei schwinden würde. Diese Hoffnungen erwiesen sich als illusorisch. In der Zwischenzeit boomte Chinas Handel und das Land stieg von Platz vier der weltweit größten Güterproduzenten im Jahr 2000 auf Platz eins im Jahr 2023 auf, mit einem Marktanteil, der doppelt so groß ist wie der der USA.[62] Dies fiel mit dem Verlust von Arbeitsplätzen in der Produktion in den USA zu Beginn der 2000er-Jahre zusammen und erklärt einen Großteil der Ressentiments gegenüber China in der US-Bevölkerung und im Umfeld von Donald Trump.

Die zweite Entwicklung, die die Unterstützung für die Globalisierung untergrub, war die globale Finanzkrise von 2007 bis 2009. Der amerikanische Finanzsektor wurde in den 1980er- und 1990er-Jahren liberalisiert, in einer als »Great Moderation« bezeichneten Phase, als die Inflation niedrig und Rezessionen selten waren. In diesen Jahren sanken die Zinsen, und die Aktienkurse boomten, wodurch viele Finanziers sehr reich wurden. Da sie wohlhabend waren, ging man allgemein davon aus, dass Finanziers außergewöhnlich klug seien (und nicht einfach nur Glück hatten). Nur wenige Politiker wollten sich in diesen Boom einmischen, nicht zuletzt, weil Banker und Fondsmanager in den USA hohe Wahlkampfspenden leisteten.

Der Crash von 2007 zerstörte diese Illusion. »Kluge« Banker hatten Geld an sogenannte »NINJA«-Kreditnehmer verliehen: Menschen ohne Einkommen, ohne Arbeit und ohne Vermögen. Die Banken bündelten diese minderwertigen Kredite zu komplexen Wertpapieren, ohne die Risiken vollständig zu verstehen, und überschuldeten damit unwissentlich ihre Bilanzen. Als eine Liquiditätskrise einsetzte, konnten sich diese »Masters of the Universe«, wie der Autor Tom Wolfe sie einmal bezeichnete, nur noch an die Regierung wenden, um Hilfe zu erhalten. Und die Regierung, die einen Bankenzusammenbruch wie den, der die Weltwirtschaftskrise in der ersten Hälfte des 20. Jahrhunderts ausgelöst hatte, befürchtete, musste reagieren. Milliarden und Abermilliarden Dollar wurden bereitgestellt, um sehr reiche Finanziers aus einer Katastrophe zu retten, die sie selbst verursacht hatten.

Die Folge war Empörung in der Bevölkerung. Die Banker hatten dumme Fehler gemacht und wurden dann vom Steuerzahler gerettet, ohne dass auch nur einer dieser Banker ins Gefängnis musste. Die Wähler gaben »der Elite« die Schuld an dem Chaos und warfen bei ihrer Kritik sämtliche Politiker der Mitte-Rechts- und Mitte-Links-Parteien, die die Globalisierung und die Rettung der Finanzmärkte unterstützt hatten, in einen Topf. Wer radikale Veränderungen versprach, sei es Donald Trump oder die britischen Politiker, die den Brexit befürworteten, fand einen fruchtbaren Boden für seine Kampagne.

Auf der rechten Seite entstand ein Narrativ. Die Globalisierung und die Masseneinwanderung seien Teil einer »Verschwörung« der »Elite«, ein Begriff, mit dem fast die gesamten gebildeten Angehörigen der akademischen Berufe bezeichnet wurden. Diese Elite sei international mobil und würde angesichts des internationalen Wettbewerbs oder der Einwanderung kaum ihren Arbeitsplatz verlieren. Die arme alte Arbeiterklasse trage hingegen die Hauptlast der Globalisierung.

Doch während dieses Narrativ im Westen an Boden gewann, hatten viele Länder in den Entwicklungsländern eine völlig andere Sicht auf die Globalisierung. Anfang der 1960er-Jahre hatte Südkorea ein niedrigeres Pro-Kopf-Einkommen als Haiti oder der Jemen.[63] Bis 2016 hatte die Regierung mit ihrer auf den internationalen Handel ausgerichteten Industriestrategie das Land zur elftgrößten Volkswirtschaft der Welt gemacht; zwischen 1995 und 2012 stieg der Anteil der Exporte am BIP um mehr als das Doppelte.[64] Vietnam erholte sich von den Turbulenzen des langen Krieges mit Amerika, der 1975 endete, und leitete 1986 eine Reihe von Reformen ein, die einen Anstieg des Pro-Kopf-BIP von unter 700 US-Dollar im Jahr 1986 auf fast 4500 US-Dollar im Jahr 2023 ermöglichten. Der Anteil der vietnamesischen Bevölkerung, der in extremer Armut lebt, sank auf 4 Prozent.[65] All dies wurde durch eine Fokussierung auf Exporte, darunter Elektronikkomponenten und Textilien, erreicht.

Obwohl beide Länder exportorientiert waren, gingen sie politisch völlig unterschiedliche Wege. Nach dem Koreakrieg von 1950 bis 1953, der mit einem Waffenstillstand endete, hatte Südkorea bis 1987 noch ein autoritäres Regime, bevor es den Weg zu einer liberalen Demokratie einschlug. Angesichts seines Wohlstands im Vergleich zum benachbarten, von Armut geplagten Nordkorea wurde es zum Vorzeigebeispiel für die Vorteile des Kapitalismus. Vietnam hat nach wie vor eine kommunistische Regierung.

Wie sollen diese beiden Länder reagieren, wenn die USA, die zuvor Handelsbeziehungen gefördert hatten, nun hohe Zölle einführen, wie es Trump am 2. April getan hat (25 Prozent für Südkorea und 46 Prozent für Vietnam)? Während die USA diesen Ländern den Rücken kehren, ist China eifrig bemüht, engere Beziehungen oder Verbindungen zu anderen Nationen aufzubauen. Chinas Wirtschaft wächst weiterhin schnell, sodass Handelsabkommen potenziell lukrativ sind.

Der Einfluss der Industrieländer ist nicht nur beim Handel spürbar, sondern auch bei der Entwicklungshilfe. Die Kürzung des US-Entwicklungshilfebudgets unter Elon Musks Behörde für Regierungseffizienz bedeutet daher einen weiteren Verlust an Soft Power für die USA und eine Lücke, die China nur allzu gern füllen wird. Das Ziel, das Handelsdefizit zu beseitigen, verursacht enorme Kollateralschäden.

## Was sind die Haupttreiber für Handelsüberschüsse und -defizite?

Trump hat davon gesprochen, dass die USA von anderen Nationen beim Handel »ausgenommen« und »ausgeplündert« würden. Aber wie soll das in der Praxis aussehen? Ein offensichtlicher Grund, warum US-Unternehmen und Verbraucher Importe kaufen, ist, dass diese billiger sind. Einige argumentieren, dass China die Waren zu billig verkauft. Aber ist das ein »Ausnehmen« Amerikas? In jedem anderen Lebensbereich wäre das ein seltsames Konzept. Stellen Sie sich vor, Sie sagen: »Hey, der Supermarkt um die Ecke hat den Preis für Kartoffeln um 50 Prozent gesenkt. Die ziehen uns richtig über den Tisch.«

Ein stärkeres Argument lautet, dass die USA und andere Länder chinesische Exporte ungehindert akzeptieren, China diese Vorgehensweise jedoch nicht erwidert. Ausländische Unternehmen werden durch eine Reihe staatlicher Vorschriften aus dem Land gedrängt. Diejenigen, die versuchen, das Problem durch eine Partnerschaft mit einem chinesischen Partner zu umgehen, riskieren den Verlust ihres wertvollen geistigen Eigentums. Diese Beschwerden sind zweifellos berechtigt. Das ist jedoch nicht gleichbedeutend mit der Behauptung, dass alle anderen Länder die USA unfair behandeln, wie es bei Trumps Zollformel der Fall war. Wie in Kapitel 1 erwähnt, hatten die Zölle vom 2. April keine intellektuelle Grundlage; selbst Länder, mit denen die USA einen Handelsüberschuss haben, wurden mit einem Zoll von 10 Prozent belegt.

Trump scheint die merkantilistische Ansicht zu vertreten, dass Exporte gut und Importe schlecht sind. Das ist jedoch eine sehr seltsame Sichtweise auf die Welt. Es ist ein bisschen so, als würde man sagen, dass es gut ist, zur Arbeit zu gehen, um ein Gehalt zu verdienen, aber schlecht, das Geld in einem Geschäft auszugeben. Wir nehmen Arbeit an, damit wir uns Dinge leisten können, und umgekehrt exportieren wir Waren und Dienstleistungen, damit wir Importe konsumieren können. Diese Importe können Dinge sein, die im Inland nicht hergestellt werden können (Diamanten, Bananen), die eine bessere Qualität haben als im Inland hergestellte Produkte (französischer Wein oder schottischer Whisky) oder die einfach billiger sind (zum Beispiel Elektronik aus Asien).

Die Handelsbilanz ist nur ein Teil des Zahlungsflusses zwischen einem Land und dem Rest der Welt, der in der Leistungsbilanz eines Landes erfasst wird. Diese setzt sich aus mehreren Elementen zusammen: Warenhandel, Dienstleistungshandel, Nettoeinkünfte aus dem

Ausland (Löhne, Dividenden und so weiter) und laufende Transfers, darunter Überweisungen von im Ausland arbeitenden Personen in ihre Heimatländer, Entwicklungshilfe und Spenden. Diese Elemente können sich in unterschiedliche Richtungen entwickeln. Das Vereinigte Königreich beispielsweise verzeichnet seit Langem ein Handelsdefizit bei Waren, das jedoch teilweise durch einen Überschuss bei Dienstleistungen ausgeglichen wird. Das Gleiche gilt für die USA. Während Präsident Trump sich über das Handelsdefizit bei den von den USA hergestellten Gütern beschwert, erwähnt er nicht den Überschuss bei den von den USA verkauften Dienstleistungen. Wenn das Güterdefizit darauf hindeutet, dass andere Länder Amerika betrügen, bedeutet dann der Dienstleistungsüberschuss, dass die USA andere Nationen über den Tisch ziehen? Und wenn nicht, warum nicht?

Wenn ein Land ein Leistungsbilanzdefizit aufweist, bedeutet dies, dass es mehr an Ausländer zahlt, als es im Gegenzug erhält. Das Ergebnis ist, dass diese Ausländer Ansprüche gegen das Defizitland haben. Diese Ansprüche können zum Beispiel in Form von Bankeinlagen, Aktien, Staatsanleihen oder Immobilienbesitz bestehen. Oder es kann sich um ein ausländisches Unternehmen handeln, das eine Fabrik im Defizitland baut, was als ausländische Direktinvestition (Foreign Direct Investment, FDI) bezeichnet wird. Laut der Citibank sind die USA das weltweit wichtigste Ziel für ausländische Direktinvestitionen; ein Großteil dieses Geldes wird für den Bau von Fabriken verwendet, die Arbeitsplätze schaffen.[66]

All diese Transaktionen werden in der Kapital- und Devisenbilanz zusammengefasst. Da die Zahlungsbilanz (per definitionem) ausgeglichen sein muss, muss ein Defizit in der Leistungsbilanz durch einen Überschuss in der Kapital- und Devisenbilanz ausgeglichen werden.

Man könnte leicht annehmen, dass der Handel mit Waren und Dienstleistungen diese Beziehung bestimmt. Das ist jedoch nicht unbedingt der Fall. Viele Ökonomen glauben, dass die Kapitalbilanz die treibende Kraft ist. Um dies zu verstehen, stellen Sie sich eine Inselwirtschaft vor, die vom Rest der Welt abgeschnitten ist und keine Regierung hat. Die Menschen in dieser Wirtschaft können ihr Geld entweder für Waren und Dienstleistungen ausgeben oder sparen. Das Gleiche gilt für Unternehmen: Sie können ihre Einnahmen entweder für Löhne und Rohstoffe ausgeben oder sparen. Wenn sie investieren wollen, um ihre Produktion auszuweiten, müssen sie das gesparte Geld verwenden oder es sich von den Bürgern leihen (das heißt die Ersparnisse der Bevölkerung nutzen). Insgesamt können sie nur so viel investieren, wie die Insel spart.

Sobald ein Land Handel mit anderen Nationen aufnimmt, gilt diese Beschränkung nicht mehr. Es kann Geld aus dem Ausland leihen. Mit anderen Worten: Wenn die inländischen Ersparnisse nicht ausreichen, um die gewünschten inländischen Investitionen zu finanzieren, kann das Land Ersparnisse aus dem Ausland importieren. Dies schlägt sich als Überschuss in der Kapital- und Devisenbilanz nieder.

Diese Erklärung scheint perfekt auf die USA zuzutreffen. Die Verbraucher in den USA sparen tendenziell weniger als die Verbraucher in vielen anderen Ländern. Aber die Unternehmen, insbesondere im Technologiesektor, haben ehrgeizige Investitionspläne. Und die Regierung hat regelmäßig hohe Haushaltsdefizite. Daher importieren die USA Ersparnisse aus dem Ausland, um diese Bedürfnisse zu finanzieren. Und die Sparer in Übersee kommen diesem Wunsch gern nach.

Diese Beziehung zwischen Ersparnissen und Investitionen hat wichtige Auswirkungen auf die Politik der Regierung. Es gibt in einer Volkswirtschaft drei verschiedene Sektoren, die sparen (oder sich Geld leihen): Privatpersonen, Unternehmen und die Regierung. Die US-Regierung ist ein großer Kreditnehmer mit einem Defizit von 1,8 Billionen US-Dollar im Jahr 2024.[67] Die Republikaner haben (zum Zeitpunkt der Abfassung dieses Buches) weitere Steuersenkungen in Höhe von 4,6 Billionen US-Dollar vorgeschlagen, die nur durch Ausgabenkürzungen in Höhe von lediglich 1,6 Billionen US-Dollar kompensiert werden sollen.[68] Wenn Verbraucher und Unternehmen nicht deutlich mehr sparen sollten, wird dieses höhere

Haushaltsdefizit das Handelsdefizit noch weiter vergrößern – das genaue Gegenteil von Trumps erklärter Absicht, das Handelsdefizit eliminieren zu wollen.

Der schnellste Weg, das Handelsdefizit zu verringern, besteht darin, dass Verbraucher und Unternehmen ihre Ausgaben zurückfahren und mehr sparen. Das würde jedoch einen enormen Einbruch der Nachfrage bedeuten, weshalb Handelsdefizite in einer Rezession normalerweise sinken. Aber ein solches Heilmittel ist schlimmer als die Krankheit. Langfristig ist der beste Weg, das Handelsdefizit zu senken, die Verringerung des Haushaltsdefizits. Da Steuersenkungen dies wiederholt nicht erreicht haben und ein Großteil der Staatsausgaben in wichtige Programme wie die Rentenversicherung, Medicare (die Krankenversicherung für Senioren) und Verteidigung fließt, wäre die naheliegende Lösung eine Steuererhöhung. Aber die Republikaner, die von reichen Parteispendern unterstützt werden, lehnen diese Option ab.

Einige Ökonomen vertreten die gegenteilige Position und argumentieren, dass das Ungleichgewicht der Ersparnisse durch das Verhältnis zwischen Exporten und Importen verursacht wird. China spart so viel und konsumiert so wenig, dass es einen enormen Leistungsbilanzüberschuss erwirtschaftet, der durch Defizite in anderen Teilen der Welt ausgeglichen werden muss (insgesamt muss die Zahlungsbilanz der Länder der Welt ausgeglichen sein).[69] Die USA als größte Volkswirtschaft der Welt tragen nach Ansicht dieser Ökonomen zwangsläufig einen Großteil der Last, den chinesischen Überschuss aufzufangen. Aber selbst wenn dies der Fall ist, ist eine Handelspolitik, die nicht nur China, sondern die ganze Welt betrifft, der falsche Weg, um dieses Problem anzugehen.

## In früheren Zeiten, als Handelsdefizite noch eine Rolle spielten

In Zeiten fester Wechselkurse waren Handelsdefizite von großer Bedeutung, da die Länder den Wert ihrer Währungen gegenüber Gold oder dem US-Dollar stabil halten mussten. Dazu musste die Zentralbank eines Landes über gewisse Finanzmittel in Form von Devisenreserven verfügen. Wenn die Währung unter Druck geriet, konnte die Zentralbank Devisen verkaufen und eigene Währung kaufen, um den Kurs zu stützen. Der Aufbau von Devisenreserven erforderte in der Regel, dass das Land einen Handelsüberschuss erzielte.

Anhaltende Handelsdefizite konnten dazu führen, dass internationale Investoren das Vertrauen in die Wechselkursbindung verloren. Um ihre Währungen zu verteidigen, konnten die Zentralbanken neben dem Einsatz ihrer Reserven auch die Zinsen erhöhen. Höhere Zinsen würden Investoren dazu bewegen, die Währung zu kaufen. Höhere Zinsen würden aber auch die Wirtschaft bremsen, da die Verbraucher weniger Geld für Importe hätten. Manchmal war die erforderliche Zinserhöhung so hoch und wirtschaftlich schädlich, dass Regierungen beschlossen, die Verteidigung der Währung aufzugeben, wie es 1992 geschah, als Großbritannien aus dem Europäischen Wechselkursmechanismus austrat.

In der heutigen Welt mit überwiegend flexiblen Wechselkursen verliert das Handelsbilanzdefizit stark an Bedeutung. Wenn das Handelsbilanzdefizit eines Landes groß ist, kann die Landeswährung fallen, sodass die Exporte billiger und damit attraktiver werden und die Importe teurer und damit weniger attraktiv. Das Handelsbilanzdefizit kann sich somit von selbst ausgleichen.

Einige argumentieren, dass dieser Mechanismus im Falle der USA aufgrund der Rolle des Dollars als globale Reservewährung nicht funktioniert. Die internationale Nachfrage nach dem Dollar hält seinen Wert hoch und verhindert so eine Korrektur des Handelsdefizits. Der Dollar hat seit der Finanzkrise (2007–2009) zwar an Wert gewonnen, ist aber schwächer als im Jahr 2000 oder Mitte der 1980er-Jahre. Es ist auch erwähnenswert, dass die Attraktivität des Dollars die Finanzierung des Haushaltsdefizits der US-Regierung erleichtert, was den Steuerzahlern in Form von geringeren Zinskosten Geld sparen kann (dies wird als »exorbitantes Privileg« der USA bezeichnet).

Wenn Ökonomen (und tatsächlich auch die meisten Bürger) die wichtigsten Indikatoren für das Wohlergehen einer Volkswirtschaft betrachten, gehört die Handelsbilanz nicht zu den wichtigsten Aspekten. Wächst die Wirtschaft? Steigen die Preise? Gibt es genügend Arbeitsplätze? Diese Fragen sind viel wichtiger. Russland hatte 2024 zwar einen Leistungsbilanzüberschuss, aber auch eine Inflationsrate von 9,5 Prozent und ein Pro-Kopf-BIP, das nur ein Sechstel des US-amerikanischen betrug. Dani Rodrik, ein prominenter Ökonom, der der Globalisierung kritisch gegenübersteht, sagte, dass es »absolut keinen Zusammenhang zwischen dem Handelsdefizit eines Landes und seinem wirtschaftlichen Erfolg« gebe.[70]

Es ist daher bizarr, dass die Trump-Regierung den Handel zu einem so wichtigen wirtschaftlichen (oder politischen) Thema gemacht hat. Und im nächsten Kapitel wird gezeigt, warum die von ihm gewählte Lösung, nämlich Zölle, alles noch schlimmer machen wird.

KAPITEL 3

# Eine Steuer auf Effizienz

»Die Arbeiter, die unter dem Verbot unseres Nachbarn gelitten haben, werden jedoch nicht von unserem Verbot profitieren. Im Gegenteil, sie und fast alle anderen Bevölkerungsschichten werden dadurch gezwungen sein, bestimmte Waren teurer als zuvor zu bezahlen. Jedes derartige Gesetz bedeutet daher eine reale Steuer für das ganze Land.«

**Adam Smith über Vergeltungszölle in**
*Der Wohlstand der Nationen*

»Wir haben gelernt, dass ein prohibitiv hoher Schutzzoll eine Waffe ist, die gegen uns selbst zurückstößt.«

**Cordell Hull, US-Außenminister von 1933 bis 1944**

Zölle sind seit Jahrhunderten ein gängiges Instrument der Wirtschaftspolitik. Im mittelalterlichen Europa errichteten lokale Grundbesitzer Burgen am Rhein, um von vorbeifahrenden Booten Mautgebühren (eine Art Zoll) zu verlangen. Dieses lukrative Geschäft brachte den Grundbesitzern den Namen »Raubritter« ein und hatte zur Folge, dass der Handel durch die hohen Kosten eingeschränkt wurde. Erst im 19. Jahrhundert wurden diese »Mautgebühren« vollständig abgeschafft.[71]

Adam Smith, der allgemein als Vater der Wirtschaftswissenschaften gilt, lehnte Zölle ab, und seine Argumente sind auch heute noch aktuell. Er argumentierte, dass Zölle den Spezialisierungsprozess behindern und verhindern, dass Geschäfte zu den effizientesten Produzenten fließen. Infolgedessen können sich ineffiziente Unternehmen über Wasser halten, was den wirtschaftlichen Fortschritt bremst und die Verbraucher zwingt, höhere Preise für minderwertige Waren zu zahlen.

Häufig werden Zölle auf Drängen eines Wirtschaftszweigs auf Kosten eines anderen eingeführt. Das Wochenmagazin *The Economist* wurde 1843 in London im Rahmen einer Kampagne zur Abschaffung der Korngesetze gegründet, einer Steuer auf importiertes Getreide. Diese Gesetze begünstigten die landwirtschaftliche Elite, die seit Langem die britische Gesellschaft dominierte, wurden jedoch von Fabrikbesitzern abgelehnt, deren Arbeiter höhere Preise für Lebensmittel zahlen mussten. In den USA kehrte sich dieser politische Gegensatz im 19. Jahrhundert um. Nun waren es die Industriellen im Norden, die Zölle befürworteten, um britische Waren fernzuhalten, während die Farmer im Süden freie internationale Märkte für ihren Tabak und ihre Baumwolle wollten.

Während der ersten großen Ära der Globalisierung von 1870 bis 1914 hatten viele Länder Zölle zum Schutz ihrer heimischen Industrien eingeführt. Deren Wirkung wurde jedoch durch das Aufkommen von Dampfschiffen und Eisenbahnen stark abgeschwächt, weil hierdurch die Transportkosten für Güter drastisch sanken. Die Kosten für den Transport eines Scheffels Getreide zwischen Chicago und Liverpool sanken zwischen Ende der 1850er-Jahre und 1912 um zwei Drittel.[72]

In der Zwischenkriegszeit kehrte der Protektionismus zurück. Im Jahr 1930 verabschiedete der US-Kongress trotz eines Briefes von 1028 Ökonomen in der *New York Times*, in dem sie diese Idee verurteilten, das Smoot-Hawley-Zollgesetz. Dieses enthielt absurde Bestimmungen, wie beispielsweise die Verpflichtung, alle Flaschenkorken mit ihrem Herkunftsland zu kennzeichnen, was mehr kostete als die Herstellung des Produkts selbst.[73] Andere Länder reagierten mit Vergeltungsmaßnahmen, und ihre Importe aus den USA gingen um rund 30 Prozent zurück.[74] Die Auswirkungen des Smoot-Hawley-Gesetzes flossen in die Katastrophe der Weltwirtschaftskrise mit ein, in der der Welthandel zwischen 1930 und 1932 um ein Drittel bis zur Hälfte einbrach. Die Gegenmaßnahmen begannen jedoch unter Präsident Franklin D. Roosevelt, der 1934 das Gesetz über gegenseitige Handelsabkommen (Reciprocal Trade Agreements Act) durchsetzte, das ihm ermöglichte, mit anderen Nationen niedrigere Zölle auszuhandeln.[75]

Nach 1945 bauten die demokratischen Nationen langsam Handelsbarrieren ab, darunter auch Zölle. Als 1947 das Allgemeine Zoll- und Handelsabkommen vereinbart wurde, lagen die durchschnittlichen Zollsätze bei etwa 22 Prozent.[76] Bis Mitte der 1960er-Jahre sanken sie auf etwa 14 Prozent. Im Jahr 2000 betrug der von der Welthandelsorganisation berechnete durchschnittliche Zollsatz 10,9 Prozent und sank bis 2021 weiter auf 7,4 Prozent; wenn die Zollsätze nach dem Handel gewichtet werden, war das Niveau noch niedriger, 4,8 Prozent im Jahr 2000 und 2,5 Prozent 2021.[77]

## Importe besteuern, und zwar gewaltig

Wenn Donald Trump eine Grundüberzeugung hat, dann ist es der Glaube an Zölle. Bereits 1989, als er noch Immobilienentwickler war, sagte er der Fernsehjournalistin Diane Sawyer: »Ich glaube fest an Zölle.« Er fügte hinzu: »Amerika wird ausgenommen. Wir sind eine Schuldnernation, und wir müssen Steuern erheben, wir müssen Zölle erheben, wir müssen dieses Land schützen.«[78] In den seitdem vergangenen Jahren hat er, wie Talleyrand über die französische Bourbonen-Dynastie bemerkte, »nichts gelernt und nichts vergessen«.

Manchmal scheint Trump Zölle als »Wundermittel« zu betrachten, die alle Probleme lösen können. Nehmen wir seine Ankündigung vom Mai 2025, dass er 100 Prozent Zölle auf ausländische Filme erheben wolle, um Hollywood vor dem Niedergang zu retten. Die

US-Filmindustrie leidet zwar, aber das ist auf bekannte Faktoren wie die Pandemie (die Kinovorführungen zum Erliegen brachte) und den Aufstieg von Streaming-Diensten zurückzuführen, die es den Menschen ermöglichen, Filme zu Hause anzusehen. Die Vorstellung, dass Hollywood durch ausländische Filme wie den südkoreanischen Oscar-Gewinner *Parasite* untergraben wurde, ist lächerlich.

Tatsächlich haben einige Länder (darunter Großbritannien) Filmemacher mit Steuererleichterungen zu sich gelockt. Aber die Filmgesellschaften haben diese Vergünstigungen genutzt, weil sie dadurch Geld sparen konnten. Eine Rückverlagerung der Produktion in die USA würde nur ihre Kosten erhöhen und die finanzielle Lage Hollywoods verschlechtern, nicht verbessern.

Das Problem mit Zöllen ist, dass sie ein unglaublich stumpfes Instrument sind, das die Komplexität einzelner Branchen nicht berücksichtigt. Mit der Erhebung von Zöllen versucht die Regierung, ihre Entscheidung darüber, wo Waren gekauft werden sollen, durchzusetzen, was dazu führt, dass Verbraucher und Unternehmen für minderwertige oder teurere Waren bezahlen müssen. Dies ist zwangsläufig der Fall, wenn es kein gleichwertiges Produkt im Inland gibt (zum Beispiel bei Kaffeebohnen).

Historisch gesehen wurden Zölle in der Regel auf sehr spezifische Waren wie Weizen, Alkohol und Tee erhoben. Die Zölle von Trump werden jedoch nicht nur auf Fertigprodukte, sondern auch auf Komponenten erhoben. Die Regierung spricht von US-Autos, kanadischen Autos oder europäischen Autos. Eine solche Beschreibung ist viel zu simpel. Autos werden nicht an einem Ort hergestellt, sondern aus Komponenten aus aller Welt zusammengebaut. Wenn Mexiko beispielsweise Autos in die USA exportiert, stammen rund drei Viertel der Komponenten ursprünglich aus den USA.[79] Ein Zoll auf in Mexiko produzierte Autos ist somit eine Steuer für US-amerikanische Automobilzulieferer.

Wir sind wieder bei der Spezialisierung angelangt. Ein Hersteller will die kostengünstigsten Komponenten, um den Preis niedrig zu halten. Ein Zoll erhöht also die Kosten der inländischen Produzenten. Eine Umfrage der Federal Reserve Bank of San Francisco aus dem Jahr 2019 ergab, dass rund 45 Prozent der in den USA hergestellten Waren und Dienstleistungen aus Importen bestanden – aus dem Ausland eingeführten Komponenten und Rohstoffen.[80] Nach dem Trump-Plan müssen die Hersteller Steuern auf diese Vorleistungen zahlen.

Das Trump-Team hat nicht verstanden, wie die Weltwirtschaft vernetzt ist. Der Industriesektor hat seine derzeitige Struktur in einer Welt entwickelt, in der die Zölle im historischen Vergleich relativ niedrig waren und es keine großen Hindernisse für den grenzüberschreitenden Warenverkehr gab. Dies veranlasste die Unternehmen, komplexe Lieferketten aufzubauen, mit denen Komponenten in vielen verschiedenen Ländern hergestellt werden, bevor sie an einem anderen Ort zusammengebaut werden. Zölle, insbesondere Vergeltungszölle, bewirken, dass dieses Modell nicht funktioniert.

Das beste Beispiel für die negativen Folgen der Zollpolitik von Trump ist vielleicht ein Brief, den die Footwear Distributors and Retailers of America (FDRA) am 29. April 2025 an den Präsidenten geschickt haben.[81] »Amerikanische Schuhunternehmen und Familien sind durch solche erheblichen Kostensteigerungen in ihrer Existenz bedroht«, hieß es darin. »Hunderte von Unternehmen stehen vor der Schließung. Zehntausende von Arbeitsplätzen sind in Gefahr. Viele Bestellungen wurden zurückgestellt, und die Schuhvorräte für US-Verbraucher könnten bald zur Neige gehen.«

In dem Schreiben wurde darauf hingewiesen, dass die neuen Zölle zu den bereits bestehenden hinzukommen und zu Gesamtzöllen von 150 bis fast 220 Prozent führen würden (dies war vor der teilweisen Rücknahme der Zölle auf China). Diese Kosten könnten nicht aufgefangen oder an die Verbraucher weitergegeben werden, die daran gewöhnt sind, 30 bis 50 US-Dollar für Schuhe zu bezahlen. Die Branche fügte hinzu, dass die bestehenden Zölle den Rückgang der heimischen Schuhproduktion nicht hatten aufhalten können. Darüber hinaus würde es Jahre der Planung und enorme Kapitalinvestitionen erfordern, um die Produktion wieder in die

USA zurückzuverlagern. Selbst wenn die Branche diese Anpassung vornehmen wollte, so wies der Brief darauf hin, dass auch Maschinen und Materialien, die für die Herstellung von Schuhen in den USA benötigt werden, unter die von Präsident Trump am 2. April angekündigten »reziproken Zölle« fielen.

Ein weiteres Problem mit Zöllen besteht darin, dass andere Länder dazu neigen, Vergeltungsmaßnahmen zu ergreifen. Dies gilt insbesondere für China, das im April Schritt für Schritt auf Trumps Maßnahmen reagierte. Ein Grund, warum sich die amerikanischen Landwirte aus der Krise der 1980er-Jahre befreien konnten, war, dass sie Exportmärkte für ihre Produkte fanden, wobei China ein wichtiges Ziel ist.

April Hemmes ist eine Landwirtin aus Iowa, die als Mitglied des United Soybean Board beim Aufbau des Marktes für Sojabohnen in China mitgewirkt hat. Im April 2025 erklärte sie im *Daily*-Podcast der *New York Times*,[82] dass China mehr als die Hälfte aller US-Sojabohnenexporte abnehme und den Großteil davon zu Futtermittel für Schweine und Hühner verarbeite, während der Rest als Speiseöl verwendet werde. Ihr Unternehmen wurde von den Handelsstreitigkeiten zwischen den USA und China während der ersten Amtszeit von Trump getroffen, und was sie an den aktuellen Streitigkeiten störte, war die Ungewissheit über die Zukunft. »Um planen zu können, brauchen wir Sicherheit«, sagte sie. Die Zölle werden ihre Kosten für Saatgut, Chemikalien und Düngemittel in die Höhe treiben, und wenn China keine Sojabohnen mehr kauft, wird der Preis für ihre Ernte sinken. Sie hoffte, dass eine Einigung erzielt werden könne. »Ob es uns oder dem Präsidenten nun gefällt oder nicht, unsere Volkswirtschaften brauchen einander«, sagte sie.

## Fairness im Handel

In seiner Erklärung vom 2. April sprach Präsident Trump von Reziprozität bei den Rahmenbedingungen für den Handel. »Reziprok bedeutet, dass sie es uns antun und wir es ihnen antun. Ganz einfach, einfacher geht es nicht«, sagte er.[83] Was haben andere Länder denn nun tatsächlich getan? 1991 betrug der durchschnittliche Zollsatz der Länder mit niedrigem und mittlerem Einkommen fast 33 Prozent, der von Ländern mit hohem Einkommen 9,2 Prozent. Im Jahr 2015 lagen diese Sätze bei 8,2 Prozent beziehungsweise 4,2 Prozent.[84]

Im Jahr 2024 lag der durchschnittliche Zollsatz einiger wichtiger Handelspartner der USA zwischen 1,7 Prozent in der Schweiz, 2,7 Prozent in der Europäischen Union und 3 Prozent in China; selbst in Indien, einem der protektionistischeren Länder, betrug er 12 Prozent.[85] Kurz gesagt: Die Zollsätze sind im Laufe der Zeit gesunken und nicht gestiegen.

Sind also Zölle der Handelspartner für das Handelsdefizit verantwortlich? Im Jahr 1991, als die Zollsätze noch viel höher waren, verzeichneten die USA einen Leistungsbilanzüberschuss von 0,7 Prozent des BIP.[86] Das Handelsdefizit war 2006, nachdem die weltweiten Zölle 15 Jahre lang kontinuierlich gesunken waren, als Anteil am BIP am höchsten.[87] Kurz gesagt, es gibt keinen Zusammenhang.

Eine Studie der Weltbank kam zu dem Ergebnis, dass Zölle nur geringe Auswirkungen auf die Handelsbilanz haben. Sie kam sogar zu dem Schluss, dass »in dem Maße, in dem Zölle eingesetzt werden, um makroökonomische Ziele (Steigerung der Produktion, der Beschäftigung und Verbesserung der Handelsbilanz) zu erreichen«, eine solche Politik »ihr Ziel kläglich verfehlen wird«.[88]

## Was Zölle tatsächlich bewirkt haben

Man braucht nicht über die Auswirkungen von Zöllen zu spekulieren, da man ihre Auswirkungen anhand historischer Erfahrungen betrachten kann. Wie in der Einleitung erwähnt, untersuchten Davide Furceri vom IWF und andere[89] Daten aus 150 Ländern für den Zeitraum zwischen 1963 und 2014 und stellten fest, dass Zölle einen statistisch signifikanten negativen Einfluss auf das

Wirtschaftswachstum hatten. Ein Anstieg des Zollsatzes um 3,6 Prozentpunkte reduzierte das Wachstum über einen Zeitraum von fünf Jahren um rund 0,4 Prozentpunkte. Das mag nicht viel erscheinen, aber die kombinierte Wirkung der ersten Zollmaßnahmen von Trump führte zu einem Anstieg des durchschnittlichen Zollsatzes (basierend auf dem Anteil des Handels mit jedem Land im Jahr 2024) um 25,6 Prozentpunkte auf 28 Prozent, den höchsten Stand seit 1901.[90] (Selbst nach der vorläufigen Einigung mit China beträgt die effektive Zollerhöhung rund 15 Prozentpunkte – immer noch sehr viel.)

Die Wissenschaftler des IWF stellten fest, dass der Rückgang des BIP-Wachstums auf mehrere Faktoren zurückzuführen ist. Erstens wird Arbeit weniger effizient genutzt, da sie von effizienten Unternehmen (die auf dem Weltmarkt konkurrieren müssen) zu weniger effizienten Unternehmen (die durch die Zölle vor ausländischer Konkurrenz geschützt sind) verlagert wird. Zweitens führen Zölle tendenziell zu einer Aufwertung der Landeswährung, wodurch Exporte weniger wettbewerbsfähig werden. Drittens erhöhen Zölle die Produktionskosten, da multinationale Unternehmen viele Komponenten importieren. Und schließlich kann es vor der Einführung der Zölle zu einer Beschleunigung der Wirtschaftstätigkeit kommen (da Unternehmen versuchen, die Steuer zu umgehen), die später jedoch wieder zurückgeht.

Im Jahr 2018 führte die erste Trump-Regierung zunächst Zölle auf Waschmaschinen und Solarmodule und dann auf Stahl und Aluminium ein. Später im Jahr verhängten die USA einen pauschalen Zoll von 10 Prozent auf Produkte aus China, der 2019 auf 25 Prozent erhöht wurde. China reagierte mit Vergeltungsmaßnahmen, ebenso wie die EU in Bezug auf die Stahl- und Aluminiumzölle. Die Handelspartner konzentrierten sich insbesondere auf amerikanische Agrarprodukte, wie beispielsweise die von April Hemmes angebauten Sojabohnen. Infolgedessen war die Trump-Regierung gezwungen, ein Entschädigungsprogramm für US-Landwirte aufzulegen, aus dem zwischen 2018 und 2020 insgesamt 61 Milliarden

US-Dollar ausgezahlt wurden, wodurch fast alle durch die Zölle erzielten Einnahmen aufgezehrt wurden.[91]

Warum war Trumps Plan ein derartiger Reinfall? Eine Studie des National Bureau of Economic Research[92] ergab, dass Importeure, die zuvor in China eingekauft hatten, nicht auf inländische Lieferanten umstiegen, sondern ihre Waren einfach aus anderen Ländern bezogen. Ein weiteres Problem bestand darin, dass die Zölle auf Produkte wie Stahl und Aluminium die Kosten der inländischen Hersteller erhöhten, wodurch ihre Produkte teurer (und damit weniger wettbewerbsfähig) wurden. Der Umsatz stieg, aber nicht die Anzahl der verkauften Einheiten oder die Anzahl der Mitarbeiter, die für deren Herstellung benötigt werden.

## Aber denken Sie doch nur an das Geld

Zölle sind Steuern. Präsident Trump hat davon gesprochen, eine »externe Steuerbehörde« einzurichten, um alle Steuern einzutreiben, die seiner Meinung nach von Ausländern zu zahlen sind. In der Praxis werden Zölle jedoch vom Importeur gezahlt, wenn die Waren ins Land kommen. Deshalb sprach General Motors von Zollkosten in Höhe von 4 bis 5 Milliarden US-Dollar.

Aber wer trägt diese zusätzlichen Kosten tatsächlich? Ökonomen bezeichnen das als »Zollinzidenz«. Es gibt mehrere Möglichkeiten. Erstens können die Kosten direkt an die Verbraucher weitergegeben werden. Zweitens kann das importierende Unternehmen die Kosten selbst tragen, indem es seine Gewinnmarge verringert. Und drittens kann der Importeur an das exportierende Unternehmen herantreten und es um eine Preissenkung bitten, damit seine Kosten nach dem Zoll unverändert bleiben. Es kann auch eine Kombination aus allen drei Möglichkeiten zum Tragen kommen.

Wie sich die Zollinzidenz verteilt, hängt von einer Reihe von Faktoren ab, von der Art der betroffenen Waren bis dahin, wie sehr die Exporteure auf die USA als Absatzmarkt angewiesen sind. Wenn der US-Markt blockiert ist, können chinesische Lieferanten versuchen, ihre Waren in der EU oder an Entwicklungsländer zu verkaufen, die noch nicht mit zusätzlichen Zöllen auf ausländische Waren auf Trumps Maßnahmen reagiert haben. Für Bekleidungslieferanten in Ländern wie Vietnam oder Bangladesch ist der Spielraum für Anpassungen sehr begrenzt. Sie zahlen bereits niedrige Löhne, und die Vorstellung, dass sie die Preise senken könnten, um die am 2. April verhängten Zölle aufzufangen, ist offenkundig absurd. Das bedeutet, dass die Belastung die Importeure und ihre Kunden treffen wird.

## Wie viel wird die Trump-Steuer einbringen?

Wer auch immer die Trump-Zölle bezahlt, die Einnahmen der US-Regierung werden zweifellos dadurch steigen. Aber können damit die Finanzen der Regierung ausreichend saniert werden? Eine Grafik, die 2025 kursierte, zeigte den Zeitraum Ende des 19. Jahrhunderts, als Zölle einen Großteil der Staatsausgaben finanzierten. Die Grafik wurde von Marc Andreessen, einem Risikokapitalgeber, getwittert und von Donald Trump an seine Follower weitergeleitet. Trump zitiert auch gern das Beispiel von William McKinley, einem Republikaner, der von 1897 bis 1901 Präsident war, den er als »Zoll-König« bezeichnet.

Im Jahr 1900 beliefen sich die Bundesausgaben jedoch nur auf 3 Prozent des BIP. Es gab keine staatlichen Programme zur Zahlung von Renten oder Arbeitslosenunterstützung, keine Programme wie Medicare oder Medicaid zur Gesundheitsversorgung älterer und bedürftiger Menschen. Die Verteidigungsausgaben stiegen während der beiden Weltkriege und der darauffolgenden Zeit des Kalten Krieges dramatisch an. Im Jahr 1913 führten die USA eine Bundeseinkommensteuer ein und später eine Lohnsteuer zur Finanzierung der Rentenversicherung. Diese Steuern bringen weitaus mehr Einnahmen, als Zölle jemals gebracht haben, und finanzieren einen viel größeren Staat, als man sich 1900 jemals hätte vorstellen können.[93]

Trump hat den Gedanken ins Spiel gebracht, dass Zölle die Einkommenssteuer für diejenigen ersetzen könnten, die weniger als 200 000 US-Dollar verdienen. Das ist schlichtweg nicht plausibel. Die Bundesregierung hat 2024 2,4 Billionen US-Dollar an Einkommenssteuern von Privatpersonen eingenommen;[94] Zolleinnahmen dürften nur einen Bruchteil davon erreichen. Das Tax Policy Center schätzt, dass die nach dem Rückzieher vom 9. April angepassten Zölle jährlich rund 170 Milliarden US-Dollar einbringen werden.[95]

Wie könnten die USA angesichts des tatsächlichen Handelsvolumens die 2,4 Billionen US-Dollar an Einkommenssteuereinnahmen auch ersetzen? Im Jahr 2024 importierten die USA Waren und Dienstleistungen im Wert von 4,1 Billionen US-Dollar, davon 3,3 Billionen US-Dollar an Waren.[96] Hohe Zölle werden diesen Betrag sicherlich verringern, insbesondere im Fall der auf Importe aus China verhängten Zölle, das 2024 Waren im Wert von 439 Milliarden US-Dollar in die USA exportierte.[97] Der Punkt ist, dass die Zölle nicht gleichzeitig viel Geld einbringen und erfolgreich darin sein können, die Importe zu reduzieren oder die Produktion zurück in die USA zu holen.

## Zölle und Einfluss

Zölle haben derartig negative Auswirkungen auf Unternehmen, dass diese dazu veranlasst werden, sich bei der Regierung für eine Abschwächung der Auswirkungen einzusetzen. Ende April erklärte Javier Selgas, Geschäftsführer des Speditionsunternehmens Freight Technologies, man habe Trump-Meme-Coins im Wert von 20 Millionen US-Dollar gekauft, um »auf wirksame Weise für einen fairen und ausgewogenen Handel zwischen Mexiko und den USA einzutreten«.[98] Speditionen dürften einen schweren Schlag erleiden, wenn der Handel versiegt, da sie Güter von Häfen und anderen Einfuhrstellen zu Vertriebszentren in den gesamten USA transportieren.

Die bloße Existenz eines Trump-Meme-Coins ist ein Zeichen dafür, dass die finanziellen und ethischen Standards unter der aktuellen Präsidentschaft deutlich weniger streng sind. Der Meme-Coin wurde im Januar 2025 eingeführt, mit einer Gesamtmenge von 1 Milliarde Coins, davon waren 800 Millionen für Unternehmen im Besitz von Trump reserviert. Wie viele andere Kryptowährungen auch ist der Coin nicht durch Vermögenswerte gedeckt. Dennoch ist es für einige Anleger naheliegend, dass der Kauf des Coins ihnen die Gunst des Präsidenten einbringen oder ihnen Zugang zu ihm verschaffen könnte. Tatsächlich wurden die 220 größten Inhaber des Coins im Mai zu einem privaten Abendessen mit Trump eingeladen.[99] Um dies einzuordnen: Die Whitewater-Affäre, die während der Präsidentschaft Clintons (1993–2001) die Schlagzeilen beherrschte, drehte sich um eine fehlgeschlagene Investition in Höhe von 203 000 US-Dollar und ein Darlehen in Höhe von 300 000 US-Dollar.[100] Im Gegensatz dazu schätzte die *Financial Times*, dass Trump-Unternehmen mit dem Meme-Coin 350 Millionen US-Dollar verdient haben.[101]

Wie seine »Kissing my ass«-Kommentare zeigten,[102] ist einer der Gründe, warum Präsident Trump Zölle mag, dass sie andere Staatschefs dazu zwingen, sich ihm unterwürfig zu nähern. Unternehmenschefs und ausländische Politiker müssen ihm huldigen, als wäre er ein mittelalterlicher Monarch.

Die Macht des Präsidenten wird durch die Art und Weise, wie diese jüngsten Zölle verhängt werden, noch verstärkt. Gemäß Artikel 1, Abschnitt 8 der US-Verfassung »hat der Kongress die Befugnis, Steuern, Zölle, Abgaben und Verbrauchssteuern zu erheben und einzutreiben«.[103] Präsident Trump umgeht diese Kontrolle jedoch, indem er sich auf den International Emergency Economic Powers Act beruft, der es dem Präsidenten erlaubt, Importe während eines »nationalen Notstands« zu regulieren.[104]

Die offensichtliche Erwiderung lautet: Welcher Notstand? Das BIP der USA wuchs 2024 real um 2,8 Prozent,[105] wodurch die Wirtschaft um 12,1 Prozent größer war als vor der Pandemie – eine Verbesserung, die weit über der aller anderen G7-Länder lag.[106] Die Inflationsrate in den USA lag Ende 2024 bei 2,9 Prozent und war rückläufig. Eine zurückliegende Inflationsphase wurde von den Wählern Präsident Biden angelastet, aber obwohl seine fiskalischen Konjunkturmaßnahmen dabei eine gewisse Rolle gespielt hatten, waren die Hauptursachen die pandemiebedingten Versorgungsengpässe und die Invasion Russlands in der Ukraine, die zu Preissteigerungen in allen Industrieländern führten.[107] Das Lohnwachstum in den USA übertraf 2024 die Inflation, folglich stiegen die Reallöhne um 1,2 Prozent, was eine Verbesserung des Lebensstandards bedeutet. Die Arbeitslosenquote in den USA lag im Dezember 2024 bei 4,1 Prozent, ein bescheidenes Niveau, wenn man bedenkt, dass die Arbeitslosigkeit über weite Strecken nach 1945 mehr als 5 Prozent betrug.[108]

Die US-Wirtschaft hat sich relativ gesehen so gut entwickelt, dass der *Economist* im Oktober 2024 einen Sonderbericht veröffentlichte, in dem er schrieb, dass die USA um diese »weltweit beneidet« werde und dass »in der Geschichte der modernen Wirtschaft die drei Jahrzehnte währende Überperformance Amerikas bemerkenswert ist«.[109] Was die Bezeichnung des Handelsdefizits als »Notstand« angeht, so ist die Differenz zwischen Importen und Exporten in den letzten Jahren gemessen am BIP stabil geblieben und niedriger als vor 20 Jahren.[110]

Dass das Argument des »Notstands« weit hergeholt war, zeigte sich Ende Mai, als das US-Handelsgericht entschied, dass der Präsident mit der Einführung einer breiten Palette von Zöllen (wenn auch nicht für bestimmte Sektoren wie Stahl und Autos) seine Befugnisse überschritten habe. Dies wird zweifellos zu einem fortgesetzten Rechtsstreit führen und könnte Trump dazu veranlassen, andere Regeln (wie diejenigen, die ihm die Besteuerung von Stahlimporten ermöglichten) anzuwenden, um seinen Willen durchzusetzen.

Mit der Notstandsregelung wollte Präsident Trump natürlich den Kongress umgehen und jegliche Kontrolle seiner Handlungen vermeiden. Ein wirklich entschlossener Kongress hätte ihn herausfordern können, aber die Republikaner haben sich als träge erwiesen.

Vergessen wir nicht, dass die Partei Trump trotz des Sturms auf das Kapitol im Januar 2021 für 2024 erneut als Präsidentschaftskandidaten nominiert hat. Die wenigen, die sich 2021 gegen ihn gestellt hatten, verloren ihre Sitze, da sich die loyale Wählerschaft des Präsidenten in den Vorwahlkampagnen gegen sie stellte. Jeder künftige Widerstand wurde zerschlagen, und es gibt kaum Hoffnung, dass sich nun eine prinzipienfeste Opposition formiert.

Es ist gefährlich, Trump so viel wirtschaftliche Macht zu geben, da er bereits gezeigt hat, dass er sich wenig um die ethischen Regeln schert, die das Handeln der meisten Präsidenten eingeschränkt haben. Der Zusammenhang zwischen Zöllen und Korruption hat sich anderswo bereits deutlich gezeigt. Wenn Unternehmen Materialien oder Komponenten importieren müssen, versuchen sie, die Zölle zu senken. Eine wissenschaftliche Veröffentlichung im *American Economic Review* aus dem Jahr 2016 kam zu dem Ergebnis, dass in Südafrika aufgrund der weit verbreiteten Korruption »selbst kleine Bestechungsgelder die Zölle erheblich senken können«.[111]

Alternativ können inländische Produzenten Lobbyarbeit betreiben, um die Zölle hochzuhalten und ausländische Konkurrenz auszuschließen. Eine Analyse der Auswirkungen von Zöllen in Südamerika ergab, dass Unternehmen im Laufe der Zeit ihren Fokus von der »Verbesserung der Produktivität« auf »Lobbyarbeit für eine bevorzugte Behandlung« verlagerten. Ineffiziente Unternehmen florierten aufgrund ihrer politischen Verbindungen, obwohl ihre Fabriken weit hinter den auf dem Weltmarkt vorherrschenden Standards zurückblieben.[112] Da der Weltmarkt durch die Zölle ausgesperrt war, spielte dies keine Rolle.

Angesichts der Rhetorik der Republikanischen Partei in den letzten 40 Jahren bezüglich freier Märkte und deren Widerstand gegen bestimmte Maßnahmen, wie die Erhöhung des bundesweiten Mindestlohns, ist noch ein letzter Punkt zu Zöllen anzumerken. Zölle sind ein massiver Eingriff in freie Märkte. Natürlich funktionieren Märkte nicht immer perfekt. Sie sind beispielsweise schlecht im Umgang mit externen Effekten, womit Ökonomen die indirekten Vorteile oder Kosten einer Transaktion (wie Umweltverschmutzung) bezeichnen, die andere betreffen können.

Ökonomen sind sich jedoch allgemein einig, dass die Variabilität von Preisen sehr nützlich ist. Steigende Preise signalisieren den Produzenten, die Produktion zu steigern, fallende Preise signalisieren ihnen, die Produktion zu drosseln oder Kosten zu senken. Zölle beeinträchtigen diese Signale eindeutig, da sie nicht vom Markt, sondern von der Regierung ausgesendet werden. Höhere Zölle auf Stahl oder Autos sind kein Zeichen dafür, dass die Nachfrage der Verbraucher nach diesen Produkten steigt. In dem Maße, in dem sie inländische Unternehmen dazu veranlassen, ihre Pläne zu ändern, können Zölle Unternehmen davon abhalten, Güter zu produzieren, die tatsächlich stärker nachgefragt werden. Stattdessen werden sie sich auf Bereiche konzentrieren, in denen sie weniger effizient, aber vor ausländischer Konkurrenz geschützt sind.

Selbst wenn Trumps Anhänger akzeptieren, dass Zölle ein grobes Instrument sind, argumentieren sie, dass sie notwendig seien, um das große Problem anzugehen: den Verlust von Arbeitsplätzen in der Produktion. Was diesen Rückgang tatsächlich verursacht hat, ist Thema des nächsten Kapitels.

KAPITEL 4

# Wohin die Arbeitsplätze verschwunden sind

»Eine Industrienation ist in jeder Beziehung von anderen abhängig.«

**John Tyler, US-Präsident (1841–1845)**

Falls es einen übergeordneten Grund für die Zölle von Trump gibt, dann ist es wohl der Wunsch, Arbeitsplätze in der Produktion zurück in die USA zu holen. Der Anteil der Arbeitsplätze in der Produktion an der Gesamtbeschäftigung außerhalb des Agrarsektors in den USA sank von 32 Prozent im Jahr 1950 auf nur noch 8 Prozent im Jahr 2024.[113] Wenn es darum geht, die Schuld für den Verlust dieser Arbeitsplätze zuzuweisen, zeigen viele Amerikaner heute mit dem Finger auf China. Aber China ist erst 2001 der Welthandelsorganisation beigetreten, wodurch seine Industrien einen besseren Zugang zu den westlichen Märkten erhielten. Zu diesem Zeitpunkt war der Anteil der Beschäftigung in der Produktion an der Gesamtbeschäftigung in den USA bereits um 20 Prozentpunkte auf nur noch 12 Prozent gesunken.[114]

Zweifellos gab es in den ersten zehn Jahren des neuen Jahrhunderts einen »China-Schock«, der Millionen von Arbeitsplätzen in den USA kostete und laut einer einflussreichen Studie des National Bureau of Economic Research in einigen Regionen schwerwiegende Auswirkungen hatte, wo »die Löhne und die Erwerbsquote mindestens ein ganzes Jahrzehnt lang niedrig blieben und die Arbeitslosenquote hoch blieb«.[115]

Aber die Maßnahmen anderer Länder können nicht allein für den Rückgang der Arbeitsplätze verantwortlich sein. Zunächst einmal macht der Außenhandel einen viel geringeren Anteil am BIP der USA aus als in anderen fortgeschrittenen Volkswirtschaften wie Deutschland, Frankreich und Großbritannien.[116] Das Handelsdefizit der USA bei Waren beträgt nur etwa 4 Prozent des BIP. Selbst wenn dieses vollständig beseitigt und durch inländische Produktion ersetzt würde, könnte dies den Anteil der Produktion an der Wirtschaft nur geringfügig erhöhen, vielleicht um 2,5 Prozentpunkte, schätzt der Ökonom Paul Krugman.[117] (Nicht 4 Prozentpunkte, da die Hersteller viel für Dienstleistungen wie Buchhaltung, Marketing und Software ausgeben.)

Darüber hinaus war der Rückgang der Arbeitsplätze in der Produktion in allen G7-Volkswirtschaften zu beobachten. Unabhängig davon, ob sie einen Handelsüberschuss (Deutschland) oder ein Defizit (Großbritannien) aufwiesen, war der Rückgang stetig. Selbst in der Zeit von 1990 bis 2003, einer für das Wirtschaftswachstum recht guten Phase, sank die Beschäftigung in der Produktion im OECD-Durchschnitt um fast 10 Prozentpunkte.[118]

Werden Zölle dazu beitragen, diese Arbeitsplätze wiederherzustellen? Nicht, wenn man von den Erfahrungen der ersten Trump-Regierung ausgeht. Eine Studie des National Bureau for Economic Research,[119] in der die Auswirkungen der Zölle von 2018 und 2019 untersucht wurden, kam zu dem Ergebnis, dass diese »weder einen beträchtlichen noch einen signifikanten Einfluss auf die Beschäftigung in den USA« in Regionen mit einer hohen Konzentration der von Trump geschützten Industrien hatten. Zu einem noch düstereren Ergebnis kam eine Studie der Federal Reserve[120] aus dem Jahr 2019, die sich mit den Zöllen befasste und feststellte, dass diese mit einem relativen *Rückgang* der Beschäftigung in der Produktion verbunden waren. »Steigende Produktionskosten und Vergeltungszölle tragen jeweils zu dieser negativen Beziehung bei, und der Beitrag dieser Faktoren überwiegt einen geringen positiven Effekt durch den Importschutz«, so die Autoren.

Eine Studie des deutschen Thinktanks CESifo kam hingegen zu dem Ergebnis, dass die erste Welle der Trump-Zölle zwar Arbeitsplätze geschaffen habe, allerdings *in Brasilien*. Da die USA und China gegenseitig Zölle verhängt hatten, gingen die Unternehmen dazu über, ihre Waren aus Drittländern zu beziehen. Die Studie ergab, dass die Beschäftigung in brasilianischen Regionen, die auf die von Vergeltungszöllen betroffenen Produkte (hauptsächlich Stahl und Aluminium) spezialisiert waren, viel stärker stieg als in Regionen, die solche Güter nicht herstellten.[121]

Der Verlust von Arbeitsplätzen in der Produktion bedeutet jedoch nicht, dass der Produktionsausstoß in diesem Sektor unaufhaltsam zurückgegangen ist. In den vergangenen 30 Jahren ist der Produktionsausstoß real um rund 30 Prozent gestiegen.[122] Der Sektor hat erhebliche Produktivitätssteigerungen verzeichnet, insbesondere in Bereichen wie Elektronik und Computer. In letzterem Bereich waren die Zuwächse exponentiell: Die Rechenleistung Ihres Smartphones ist deutlich höher als die von »Supercomputern«, die in den 1980er-Jahren entwickelt wurden.[123]

Steigende Produktivität bedeutet, dass mit weniger Einsatz von Produktionsfaktoren mehr produziert wird, und einer dieser Produktionsfaktoren ist Arbeit. Dies war der entscheidendste Grund für den Rückgang der Arbeitsplätze in der Produktion. Eine Studie von Michael Hicks und Srikant Devaraj[124] ergab, dass fast 88 Prozent der Arbeitsplatzverluste in der ersten Dekade des 21. Jahrhunderts auf Produktivitätssteigerungen und nicht auf Außenhandel zurückzuführen waren.

Diese Produktivitätssteigerungen haben es US-Herstellern ermöglicht, in der Wertschöpfungskette aufzusteigen, indem sie Produkte herstellen, die mehr Fachwissen erfordern (wie Luft- und Raumfahrt), und margenschwache Bereiche vermeiden, wie beispielsweise die Textilindustrie. Infolgedessen hat sich die Wertschöpfung pro Arbeitnehmer in den USA seit 1990 verdoppelt und ist weltweit die höchste – um ein Vielfaches höher als in China.[125]

## Die moderne Wirtschaft ist eine Dienstleistungswirtschaft

Mit dem Rückgang der Arbeitsplätze in der Produktion ist gleichzeitig der Dienstleistungssektor gewachsen. Sein Anteil an der Wertschöpfung der US-Wirtschaft stieg von 52 Prozent im Jahr 1950 auf 79 Prozent im Jahr 2020, und mittlerweile machen Dienstleistungen 85 Prozent aller Arbeitsplätze und 78 Prozent aller Haushaltsausgaben aus.[126] Dieser Trend ist in allen fortgeschrittenen Volkswirtschaften zu beobachten.

Im Jahr 1950 gaben die US-Verbraucher 60 Prozent ihres Einkommens für Waren aus. Heute beträgt dieser Anteil nur noch ein Drittel, der übrige Teil entfällt auf Dienstleistungen.[127] Aktivitäten wie Urlaubsreisen, Essen im Restaurant oder das Anschauen der neuesten Serie auf einem Streaming-Dienst werden immer beliebter. Bereits 1998 sprach ein Artikel in der *Harvard Business Review* von einer »Erlebniswirtschaft« oder auch »Erlebnisökonomie«, in der Unternehmen um die Schaffung unvergesslicher Erlebnisse konkurrieren.[128] Der Aufstieg der sozialen Medien, in denen Verbraucher Bilder von sich beim Essen oder beim Sightseeing posten, hat diesen Trend noch verstärkt.

Ähnliches geschah im 19. Jahrhundert, als es zu einer massiven Verlagerung der Beschäftigung von der Landwirtschaft zur Industrie kam. Heute kann sich die entwickelte Welt selbst ernähren, obwohl nur noch 1 bis 2 Prozent der Bevölkerung in der Landwirtschaft tätig sind. Moderne landwirtschaftliche Betriebe sind viel produktiver als ihre viktorianischen Vorläufer.

Angesichts der Tatsache, dass die heutige Wirtschaft dienstleistungsorientiert ist, sollte jeder, der sich um die Gesundheit der US-Wirtschaft sorgt, seinen Fokus logischerweise auf Dienstleistungen legen, bei denen das Land einen Handelsüberschuss aufweist. Durch die Einführung von Zöllen und die Störung des Handelsflusses schadet Trump dem größten Teil der Wirtschaft (durch den Einbruch des Geschäfts- und Verbrauchervertrauens), in dem Versuch, einem viel kleineren Teil helfen zu wollen.

Einige Kritiker sind jedoch der Ansicht, dass Arbeitsplätze im Dienstleistungssektor nicht so gut sind wie die in der Produktion. Sie verweisen auf Bereiche wie Lagerhäuser oder Auslieferer- beziehungsweise Zustelldienste, in denen Arbeitnehmer niedrige Löhne und Null-Stunden-Verträge[129] haben und dadurch dem Prekariat angehören. Zwar gab es in den ersten zehn Jahren des 21. Jahrhunderts, als der China-Schock am stärksten zu spüren war, einige Anzeichen für eine Zunahme der Arbeitsplätze für gering qualifizierte Arbeitskräfte, doch laut einer aktuellen Studie ist dieser Effekt inzwischen verschwunden. Zwischen 2016 und 2022 gab es in den USA einen Rückgang der Arbeitsplätze für gering und mittel qualifizierte Arbeitskräfte. Gleichzeitig gab es ein rasantes Wachstum bei hoch bezahlten Arbeitsplätzen. Insbesondere Arbeitsplätze in den Bereichen Wissenschaft, Technologie, Ingenieurwesen und Mathematik sind von 6,5 Prozent der US-Erwerbsbevölkerung im Jahr 2010 auf 10 Prozent gestiegen. Die Autoren kommen zu dem Schluss, dass die Qualifikation der Amerikaner steigt.[130]

Es ist auch unklug, ein allzu rosiges Bild von der Arbeit in der Produktionsindustrie zu zeichnen. Eine Studie von Anne Case und Angus Deaton, zwei der einflussreichsten Forscher auf diesem Gebiet, ergab, dass Menschen, die manuelle Arbeit verrichten, sowohl über einen schlechteren als auch sich schneller verschlechternden Gesundheitszustand klagen als Menschen in anderen Berufen, selbst wenn man Einkommen und Bildungsstand berücksichtigt.[131] Und eine Langzeitstudie unter dänischen Arbeitnehmern ergab, dass körperlich anstrengende Tätigkeiten mit einer kürzeren Lebensarbeitszeit, mehr Krankheitstagen und höherer Arbeitslosigkeit verbunden sind.[132]

## Als Detroit die Automobilbranche beherrschte

Der Wunsch, sich eher auf inländische als auf ausländische Lieferanten zu verlassen, wirft komplexe Fragen auf, wie die Geschichte der Automobilindustrie zeigt. Wenn es um Nostalgie für die Blütezeit der Arbeit in der Produktionsindustrie geht, gehören Arbeitsplätze in der Automobilindustrie zu den am häufigsten genannten Beispielen. Bis in die 1970er-Jahre wurden fast neun von zehn Autos in den USA von einem der »großen Drei« – General Motors, Ford und Chrysler – hergestellt. Die Autos, die sie herstellten, waren oft groß und hatten einen sehr hohen Kraftstoffverbrauch, aber damals war Benzin billig.

Die Arbeit bei diesen drei Großunternehmen war gut bezahlt, mit guten Urlaubs- und Rentenansprüchen. Das war zum großen Teil der Macht der Gewerkschaft United Auto Workers zu verdanken. So organisierte sie beispielsweise 1970 einen 67-tägigen landesweiten Streik bei General Motors,[133] mit dem die Gewerkschaft eine Lohnerhöhung von 20 US-Dollar pro Woche (etwa 12 Prozent) und das Recht, nach 30 Beschäftigungsjahren mit 58 Jahren in den Ruhestand zu gehen, durchsetzen konnte.[134]

1973 jedoch führte das Ölembargo der OPEC zu einem Anstieg der Benzinpreise. Plötzlich interessierten sich die US-Autofahrer für kleinere, sparsamere Fahrzeuge. Die »großen Drei« passten sich nur langsam an die neuen Bedingungen an und waren mit hohen Lohnkosten konfrontiert. Sie verloren Marktanteile an flexiblere japanische Hersteller wie Toyota und Honda, was den Beginn ihres langen, langsamen Niedergangs bedeutete.

Am deutlichsten war der Rückgang in Detroit, das wegen seiner Konzentration auf die Automobilproduktion als »Motor City« bekannt war (auch der Name des Plattenlabels Motown geht darauf zurück). Zwischen 1950 und 2010 sank die Einwohnerzahl um 61 Prozent, da Arbeitsplätze in der Automobilindustrie verloren gingen.[135] Ausländische Autohersteller, die Fabriken in den USA errichteten, gingen in die südlichen Bundesstaaten, die gewerkschaftsfeindliche Vorschriften haben; bis 2023 waren 30 Prozent aller Arbeitsplätze in der US-Automobilindustrie im Süden angesiedelt.[136] Die ins Land kommenden Hersteller kamen eindeutig zu dem Schluss, dass sie mit der gleichen Geschäftsstrategie wie die »großen Drei« kein Geld verdienen konnten.

Infolgedessen sind Arbeitsplätze in der US-Automobilindustrie nicht mehr so lukrativ wie früher. Der Ökonom Paul Krugman wies darauf hin, dass McDonald's-Mitarbeiter in Dänemark derzeit 20 US-Dollar pro Stunde (zuzüglich Sozialleistungen) verdienen, während Produktionsmitarbeiter im Honda-Werk in Alabama nur 14 US-Dollar pro Stunde erhalten.[137] Die Rückverlagerung von Arbeitsplätzen in der Automobilindustrie in die USA wird den Arbeitern nicht den Wohlstand der 1950er-Jahre zurückbringen.

Damals gab es in allen Branchen Gewerkschaften, die sie schützten, und Trumps Nostalgie reicht nur bis zu einem gewissen Punkt. Obwohl Trump von einer bedeutenden Minderheit (rund 45 Prozent) der Gewerkschaftsmitglieder unterstützt wurde, ist seine Bilanz insgesamt gewerkschaftsfeindlich: Er hat Arbeitsverträge mit Bundesbediensteten gekündigt und den Vorsitzenden des National Labor Relations Board, das die Rechte der Beschäftigten im privaten Sektor schützt, entlassen.[138]

Schwächere Gewerkschaften sind ein möglicher Grund dafür, dass Arbeitnehmer ihre Macht verloren haben, höhere Löhne zu fordern. Laut dem Bureau of Labor Statistics lag der Anteil der US-Arbeitnehmer, die einer Gewerkschaft angehören, 2024 nur noch bei 9,9 Prozent im Vergleich zu 20,1 Prozent im Jahr 1983.[139] Viele dieser Mitglieder sind im öffentlichen Dienst beschäftigt; der Anteil der Gewerkschaftsmitglieder im privaten Sektor beträgt nur 5,9 Prozent, gegenüber etwa einem Drittel in den 1950er-Jahren.[140] Gewerkschaftlich organisierte Arbeitnehmer sind besser bezahlt und verdienen durchschnittlich 1337 US-Dollar pro Woche, während ihre nicht gewerkschaftlich organisierten Kollegen nur 1137 US-Dollar verdienen (ein Teil davon ist möglicherweise auf berufliche Unterschiede zurückzuführen).[141]

## Die Probleme der Rückverlagerung

Wenn es um gering qualifizierte Arbeitsplätze geht, haben US-Hersteller ein Problem: Die Produktion in den USA ist viel teurer. Motorola musste dies feststellen, als es 2013 eine Smartphone-Fabrik in Fort Worth, Texas, eröffnete. Leider musste das Werk aufgrund der hohen Kosten bereits nach zwölf Monaten wieder geschlossen werden.[142] Das ist kaum verwunderlich, da der Durchschnittslohn eines US-Arbeiters in der Produktion doppelt so hoch ist wie der eines chinesischen Arbeiters und sechsmal so hoch wie der eines vietnamesischen.[143]

Im Laufe der Zeit kam es in der US-Produktionsindustrie zu den größten Arbeitsplatzverlusten in Branchen wie der Textil- oder Metallindustrie, wo die niedrigeren Kosten der Produzenten in Asien es westlichen Unternehmen schwer machten, zu konkurrieren. In der Pharmaindustrie, einem Geschäftszweig mit höheren Margen, in dem die besseren Qualifikationen und die höhere Produktivität der US-Arbeitnehmer einen Vorteil darstellten, stieg die Beschäftigung jedoch sogar an.

Adam Smith hätte diesen Trend wiedererkannt. Die USA haben sich auf diejenigen Bereiche in der Produktion spezialisiert, in denen sie Vorteile haben – qualifizierte Arbeitskräfte und einen leichten Zugang zu Kapital. Das Ergebnis ist eine Konzentration auf Produkte mit höheren Gewinnmargen und eine Abkehr von Gütern, für deren Herstellung weniger Qualifikationen erforderlich sind und die nur geringe Gewinnmargen aufweisen.

Die Rückverlagerung von Arbeitsplätzen in der Produktionsindustrie wird auch Geld kosten. Nach Schätzungen von Andreas Haag von der Beratungsfirma Streamliners kostet der Bau einer einfachen, mittelgroßen Fabrik mindestens 25 Millionen US-Dollar und dauert etwa zwei Jahre. Komplexere Projekte werden noch viel mehr kosten.[144] Dan Ives, Analyst bei Wedbush, schätzt, dass Apple drei Jahre und 30 Milliarden US-Dollar benötigen würde, um nur 10 Prozent seiner Lieferkette von Asien zurück in die USA zu verlagern.[145] Tatsächlich reagierte Apple auf das Zollpaket sofort mit einer Verlagerung der Produktion von China nach Indien und nicht in die USA.[146] Diese Nachricht löste eine Zollandrohung von Trump aus, doch wären sehr hohe Zölle erforderlich, um die zusätzlichen Kosten der Produktion in den USA auszugleichen.

Die steigenden Kosten für den Bau von Fabriken sind zum Teil auf Planungsverzögerungen, Einwände von Anwohnern und einen Mangel an Arbeitskräften im Baugewerbe zurückzuführen.[147] Zölle auf Stahl und andere Produkte werden diese Kosten noch erheblich erhöhen.

Haas Automation ist ein Hersteller von hochwertigen Industriemaschinen. Peter Zierhut, Vizepräsident des Unternehmens, erklärte gegenüber dem *Wall Street Journal*, es sei unrealistisch, zu erwarten, dass US-Zulieferer Fabriken für die Herstellung einfacher Produkte mit geringen Margen errichten, wie beispielsweise die 100 Millionen Pfund Gusseisen, die das Unternehmen aus China importiert. Zierhut sagte, der Bau einer neuen Gießerei würde Investitionen in Höhe von mehreren Hundert Millionen Dollar erfordern, um ein Produkt herzustellen, das für wenige Dollar pro Pfund verkauft wird. Das Unternehmen fügte hinzu, dass es bereits die Produktion gedrosselt und Überstunden in seinem Werk in Kalifornien gestrichen habe und die Eröffnung eines Werkes in Nevada möglicherweise verschieben werde. Der Grund dafür sei, dass die Kosten für importiertes Eisen eine Preiserhöhung erforderlich machen würden.[148]

Angesichts der Zeit, die der Bau neuer Fabriken benötigt, wird es schwierig sein, viele Produkte zurückzuholen. Vom *Wall Street Journal* befragte Hersteller gaben an, dass es sehr schwierig sei, inländische Lieferanten für einige wichtige Komponenten zu finden, da es entweder keine Unternehmen gebe, die diese produzierten, die Produktionsmengen nicht ausreichten oder die Preise zu hoch seien.[149] Ein Unternehmen, Rapid Plastics, das Kleiderbügel für Kaufhäuser herstellt, erklärte, dass alle inländischen Lieferanten von Metallhaken geschlossen hätten oder ins Ausland gegangen seien.

Und warum sollten Unternehmen ihre Produktion verlagern, wenn sie nicht wissen, wie lange die jüngsten Zölle von Trump gelten werden? Diese Unsicherheit ist eine der größten negativen Folgen von Trump. In einem im April veröffentlichten Forschungsbericht der Investmentbank Jefferies heißt es: »Das Risiko von Investitionen in US-Werke ohne stabile Handelsabkommen ist erheblich und könnte Unternehmen davon abhalten, Produktionsstätten in den USA zu errichten. Diese Unsicherheit kann zu Zurückhaltung bei langfristigen Investitionen führen und sich auf das Wachstum und die Stabilität des US-Industriesektors auswirken.«

Ein weiteres Problem ist, dass in den USA bereits ein Mangel an Arbeitskräften in der Produktionsindustrie herrscht. Rund 20 Prozent der Produktionsbetriebe gaben 2024 an, dass sie aufgrund von Arbeitskräftemangel nicht voll ausgelastet seien.[150] Noch akuter war die Herausforderung in der Textilindustrie, wo fast 28 Prozent der Betriebe einen Arbeitskräftemangel meldeten. Die Bekleidungsindustrie ist aufgrund ihrer hohen Produktionsanteile in Niedriglohnländern Asiens eine der Branchen, die am stärksten von den Preiserhöhungen durch Trumps ursprüngliches Zollpaket betroffen sind. Wenn Unternehmen jetzt schon nicht genügend Textilarbeiter finden, wie sollen sie es dann schaffen, auch noch ihre Lieferanten in Vietnam oder Bangladesch zu ersetzen?

Die Rekrutierung ist schwierig, weil Fabrikjobs als unattraktiv gelten. Eine Umfrage des Cato Institute ergab, dass zwar 80 Prozent der Amerikaner der Meinung sind, dass es dem Land besser gehen würde, wenn mehr Bürger in einer Fabrik arbeiten würden, aber nur etwa ein Viertel glaubt, dass sie persönlich mit einem solchen Job besser dran wären.[151]

Soweit es den Herstellern gelungen ist, offene Stellen zu besetzen, haben sie dies durch die Anwerbung von Arbeitskräften aus dem Ausland erreicht. In einer Veröffentlichung der Federal Reserve Bank of Kansas City heißt es, dass im Jahr 2022 2,5 Millionen Arbeitsmigranten in die Erwerbsbevölkerung eintraten und im Jahr 2023 weitere 1,5 Millionen. Dies trug dazu bei, den während der

Pandemie entstandenen Personalmangel zu lindern. Außerdem half es, den Inflationsdruck zu dämpfen.[152] Trumps Maßnahmen zur Eindämmung der Einwanderung und seine Feindseligkeit gegenüber bereits im Land lebenden Ausländern werden diese zusätzliche Arbeitskräftequelle beseitigen.

Einige Kritiker mögen dies begrüßen. Sie wollen amerikanische Arbeitsplätze für amerikanische Arbeitnehmer. Das Problem mit diesem Argument ist etwas, was Ökonomen als »lump of labour fallacy« (Fehlschluss der fixen Arbeitsmenge) bezeichnen, also die Vorstellung, dass es nur eine bestimmte Menge an Arbeit gibt. Dieser Irrtum wurde in der Vergangenheit häufig angeführt, um beispielsweise zu argumentieren, dass Frauen aus dem Erwerbsleben herausgehalten werden sollten, damit alle Arbeitsplätze für Männer reserviert bleiben können. Die Geschichte der USA zeigt jedoch, dass es trotz hoher Einwanderungszahlen und eines raschen Bevölkerungswachstums immer genug Arbeit für alle gab. Im Februar 2025 waren in den USA 159 Millionen Menschen außerhalb der Landwirtschaft beschäftigt, ein neuer Rekord, gegenüber 30 Millionen im Jahr 1939 und 109 Millionen im Jahr 1990.[153] Jeder neue Arbeitnehmer ist auch eine Quelle der Nachfrage; er gibt Geld für Waren und Dienstleistungen aus, was wiederum Arbeitsplätze für andere Arbeitnehmer schafft.

Immigranten sind auch eine wichtige Quelle für Innovationen. Ein Fünftel aller Start-ups, die mit Risikokapital finanziert werden, wurden von Einwanderern gegründet, und ein Viertel aller »Einhorn«-Unternehmen (nicht börsennotierte Unternehmen mit einem Wert von über 1 Milliarde US-Dollar) wurden von Einwanderern gegründet, die mit einem Studentenvisum eingereist sind.[154]

Der derzeitige Arbeitskräftemangel in den USA wird sich wahrscheinlich noch verschärfen. Ein Bericht des Beratungsunternehmens Deloitte schätzt, dass bis 2033 ganze 3,8 Millionen neue Arbeitskräfte in der Produktionsindustrie benötigt werden.[155] Allerdings würde nur 1 Million dieser neuen Stellen durch das Wachstum der Branche entstehen. Das Hauptproblem wären die 2,8 Millionen Ersatzkräfte, die aufgrund der Verrentung gegenwärtiger Mitarbeiter benötigt würden.

Der Deloitte-Bericht befürchtet, dass die Industrie aufgrund des Mangels an Bewerbern mit den richtigen Qualifikationen Schwierigkeiten haben wird, auch nur 1,9 Millionen, also die Hälfte, dieser Stellen zu besetzen. Die Gewinnung und Bindung geeigneter Arbeitskräfte wurde von mehr als 65 Prozent der Befragten in einer Umfrage der National Association of Manufacturers[156] als größte Herausforderung angesehen. Kurz gesagt: Wenn die USA den Industriesektor ausbauen wollen, können sie nicht einfach Leute von der Straße holen. Zumindest sind umfangreiche Umschulungen erforderlich. Im Jahr 2021 gaben die USA jedoch weniger für Umschulungen aus als die meisten anderen Industrieländer.[157]

Aufgrund dieses Arbeitskräftemangels müssten US-Unternehmen für eine Verlagerung der Produktion in margenschwache Bereiche zur Umgehung von Zöllen Ressourcen aus ihren margenstarken Geschäftsbereichen abziehen. Das ist wirtschaftlich nicht sinnvoll. Das wäre so, als würde ein mit einem Michelin-Stern ausgezeichnetes Restaurant, das 100 US-Dollar pro Mahlzeit verlangt, plötzlich auf Burger und Pommes für 9,99 US-Dollar umsteigen. Das ist einer der vielen Gründe, warum Zölle das Wirtschaftswachstum eher behindern als fördern.

Angesichts dieser Faktoren ist es nicht verwunderlich, dass eine Umfrage der Federal Reserve Bank of Dallas unter texanischen Herstellern ergab, dass 67 Prozent der Befragten davon ausgehen, dass sich die Zölle im Jahr 2025 negativ auf ihr Geschäft auswirken werden. Rund vier Fünftel gingen von höheren Beschaffungskosten aus und etwa zwei Drittel erwarteten geringere Gewinnmargen. Rund 44 Prozent rechneten mit einer Verringerung ihrer Investitionsausgaben, während nur 12 Prozent von einem Anstieg ausgingen. Mehr als ein Drittel ging davon aus, dass sie Arbeitsplätze abbauen würden, während nur 1,4 Prozent mit einer Zunahme der Einstellungen rechneten.

Was die »Inzidenz« der Zölle angeht, gaben 76 Prozent an, dass sie die Kosten an die Kunden weitergeben würden. Mehr Hersteller (13 Prozent) trugen sich mit dem Gedanken, ihre Produktion zurückzufahren oder ihr Unternehmen zu schließen, als die 11 Prozent, die eine Verlagerung der Produktion in die USA in Betracht zogen.[158]

## Unterstützen statt blockieren

Obwohl die obige Analyse wie ein verzweifelter Ratschlag für die Arbeitsplätze in der Produktionsindustrie der USA erscheinen mag, gibt es doch Möglichkeiten, die Situation zu verbessern. Einem Präsidenten ist es während seiner ersten Amtszeit gelungen, die Zahl der Arbeitsplätze in der Produktionsindustrie zu erhöhen: Joe Biden. Von Januar 2021 bis zu seinem Ausscheiden aus dem Amt im Januar 2025 gab es einen Nettozuwachs von 610 000 Arbeitsplätzen, von 12 145 000 auf 12 755 000.[159] Zugegebenermaßen übernahm Biden sein Amt während der Pandemie, als die Beschäftigung rückläufig war. Dennoch erreichte die Beschäftigung in der Produktionsindustrie während seiner Amtszeit mit 12,9 Millionen einen Höchststand, den höchsten Stand seit der Finanzkrise von 2007 bis 2009.[160]

Die Biden-Regierung führte zwar einige Zölle auf chinesische Waren ein, der Schwerpunkt ihrer Wirtschaftspolitik lag jedoch auf Subventionen, insbesondere für die Produktion von Batterien, Computerchips und grüner Energie. Das Ergebnis war die Ankündigung einer Reihe neuer Fabriken, darunter ein Werk für Elektrofahrzeugbatterien in Michigan und eine Solarfabrik in Georgia.[161] Im Bereich der Halbleiter, die von vielen als strategisch wichtige Industrie angesehen werden, zog das Programm rund 450 Milliarden US-Dollar an privaten Investitionen in US-Werke an.[162]

Das Problem für Biden war jedoch, dass solche Investitionen viel Zeit brauchen, bis sie Früchte tragen. Die Wahlen 2024 waren zu früh, als dass die Wähler die Vorteile hätten sehen können, da viele Fabriken noch gebaut werden mussten. Der erwähnte Bericht von Deloitte errechnete, dass dank der verschiedenen Förderprogramme der Biden-Regierung fast 300 Fabriken für saubere Technologien und Elektronik gebaut werden sollten.[163] Insgesamt hätten diese 234 000 neue Arbeitsplätze in der Produktion geschaffen.

Viele dieser geplanten Arbeitsplätze könnten nun gefährdet sein, da die Trump-Regierung eine Vielzahl von Projekten im Bereich erneuerbare Energien und Ladestationen für Elektroautos gestoppt hat.[164] Trumps Abneigung gegen erneuerbare Energien ist schlichtweg irrational: Die Kosten für Solarenergie sind in den vergangenen zehn Jahren um 90 Prozent gesunken, die für Windenergie um 70 Prozent.[165] Doch anstatt in die Industrien der Zukunft zu investieren, will Trump zu den Industrien zurückkehren, die in der Vergangenheit dominierten, wie Kohle und Öl.

Langfristig sollten die USA wirklich besorgt sein über die Herausforderung durch China, nicht in margenschwachen Branchen wie der Montage von Elektronikprodukten, sondern in neuen Bereichen wie der Künstlichen Intelligenz. Die Entwicklung eines großen Sprachmodells durch das chinesische Start-up-Unternehmen DeepSeek war ein Schock für amerikanische Unternehmen, die zuvor diesen Bereich dominiert hatten.[166] Dieses KI-Sprachmodell entstand trotz oder vielleicht gerade wegen der Versuche der USA unter den Präsidenten Trump und Biden, Chinas technologische Entwicklung einzudämmen. Das Royal United Services Institute, ein Thinktank für Verteidigungsfragen, argumentiert, dass die Sanktionen »insofern kontraproduktiv gewesen sein könnten, als sie ein Ökosystem chinesischer Unternehmen dazu veranlasst haben, sich schließlich politischen Initiativen zur Indigenisierung von High-End-Technologiekompetenzen anzuschließen«.[167]

Die USA täten besser daran, sich darauf zu konzentrieren, dass ihre eigenen Wissenschaftler und Technologen über alle notwendigen Ressourcen verfügen. Deshalb ist es so töricht, Auseinandersetzungen anzufangen und führenden Forschungsuniversitäten wie Harvard wegen Themen wie Antisemitismus oder »Woke«-Ideologie Gelder zu entziehen. China würde sich freuen, wenn die USA sich gegen ihre Akademiker wenden würden, und wäre besonders erfreut, wenn chinesische Studenten ihre Arbeit in ihrem Heimatland fortsetzen würden, anstatt in die USA auszuwandern.

## Das Öl-Paradox

Nicht nur in der Produktionsindustrie steht die Agenda von Trump vor ernsthaften praktischen Problemen. Der Präsident verwendete den Slogan »drill, baby, drill« (bohren, Baby, bohren), um seinen Wunsch zu unterstreichen, die heimische Ölförderung anzukurbeln und Einwände von Umweltschützern zu ignorieren. Diese Produktionssteigerung würde den Benzinpreis senken, ein sensibles Thema für die US-Verbraucher; hohe Benzinpreise waren unter der Biden-Regierung häufig Grund zur Klage.

Das Problem ist, dass die USA auf der falschen Art von Öl sitzen. Ein Großteil der Ölproduktion der USA stammt aus Schiefervorkommen, einer teuren und ökologisch bedenklichen Ressource, deren Gewinnung Bohrungen in Gestein und den Einsatz großer Mengen von Druckwasser erfordert. Brancheninsider schätzen, dass Schieferproduzenten einen Preis von mindestens 60 US-Dollar, wahrscheinlich sogar 65 US-Dollar oder mehr pro Barrel benötigen, um rentabel zu arbeiten.[168] Anfang Mai 2025 war der Rohölpreis aufgrund von Befürchtungen, dass sich die Weltwirtschaft angesichts der Zölle von Trump abkühlen würde, unter 60 US-Dollar pro Barrel gefallen. Saudi-Arabien, das über die weltweit niedrigsten Ölförderkosten verfügt, kann bei diesem Preis Geld verdienen;[169] amerikanische Produzenten werden zu kämpfen haben. Wie bei der Zollpolitik ist das, was für US-Produzenten gut ist, nicht gut für US-Verbraucher und umgekehrt. Die Auswirkungen auf die Verbraucher sind Thema des nächsten Kapitels.

KAPITEL 5

# Wo nicht alle Menschen gleich sind

»Zu handeln, ohne nachzudenken, ist
wie schießen, ohne zu zielen.«

**B. C. Forbes, Journalist (1880–1954)**

»Wir haben Hunderte von Milliarden Dollar mit China verloren. Jetzt machen wir im Grunde genommen keine Geschäfte mehr mit China. Deshalb sparen wir Hunderte von Milliarden Dollar. Ganz einfach.«

**Donald Trump, Interview mit NBC News, 4. Mai 2025**

Der vielleicht nachhaltigste Aspekt von Trumps Anziehungskraft auf die Wählerschaft ist die Überzeugung, dass er sich für die arbeitende Bevölkerung einsetzt. Viele Menschen, die ihn wählen, mögen zwar vielleicht nicht seine Art, aber sie sind davon überzeugt, dass er ein gewiefter Geschäftsmann ist, der mehr für den Durchschnittsamerikaner tun wird als die typischen Politiker der Republikaner und Demokraten.

Trump präsentiert seine Handelspolitik in diesem Licht und behauptet, dass sie allen Amerikanern Wohlstand bringen wird.

»Diese Zölle werden uns ein Wachstum bescheren, wie Sie es noch nie gesehen haben, und es wird etwas ganz Besonderes sein, das mitzuerleben«, sagte er bei der Ankündigung seines Pakets am 2. April.[170] Das Problem, um das Zitat von Forbes zu Beginn dieses Kapitels aufzugreifen, besteht nicht darin, dass Trump untätig ist, sondern dass er die falschen Maßnahmen ergreift, um Amerikas Probleme zu lösen.

Zölle sind nicht das Allheilmittel, für das Trump sie offenbar hält. Und die meisten Amerikaner spüren das. Eine Gallup-Umfrage Ende April ergab, dass 62 Prozent der Amerikaner der Meinung waren, dass Zölle die USA langfristig mehr Geld kosten als einbringen würden (70 Prozent waren zudem der Meinung, dass dies kurzfristig der Fall sei).[171]

Im vorhergehenden Kapitel wurde geschildert, dass ein Handelskrieg im Allgemeinen und Zölle im Besonderen nicht zu einer massiven Rückverlagerung von Arbeitsplätzen in die USA führen würden. Und in Kapitel 3 wurde dargelegt, dass die Hauptlast der Zölle auf US-Unternehmen und Verbraucher fallen würde. Auch hier ist die US-Öffentlichkeit klug. Fast 90 Prozent der Befragten in der Gallup-Umfrage waren der Meinung, dass die Zölle eher oder sogar sehr wahrscheinlich zu höheren Preisen führen würden.

In diesem Kapitel wird genauer untersucht, welche Bürger von den weitreichenden Maßnahmen Trumps am stärksten betroffen sein werden. Trump behauptet zwar, dass die Zölle eine »externe Einnahmequelle« darstellen, aber ein Großteil der finanziellen Belastung wird auf die amerikanischen Verbraucher zurückfallen. Das geht aus einer Ankündigung des weltweit größten Einzelhändlers Walmart vom Mai hervor. John David Rainey, Finanzvorstand des Unternehmens, erklärte: »Wir sind dafür da, jeden Tag niedrige Preise aufzurufen, aber das Ausmaß dieser Erhöhungen übersteigt das, was jeder Einzelhändler absorbieren kann. Es übersteigt auch das, was jeder Lieferant absorbieren kann. Ich befürchte daher, dass die Verbraucher bald mit höheren Preisen konfrontiert werden.«[172] Wo Walmart vorangeht, werden andere Unternehmen vermutlich folgen.[173]

Mitte Mai berechnete das Budget Lab der Yale University, dass das Zollpaket von Trump einen Anstieg der Inflation um 1,7 Prozentpunkte bedeuten würde (wären alle Zölle gegen China beibehalten worden, wären es sogar 3 Prozentpunkte gewesen). Das entspräche einem Kaufkraftverlust von 2800 US-Dollar pro Haushalt. Schuhe würden 15 Prozent mehr kosten, Kleidung 14 Prozent mehr.[174] Langfristig könnten Unternehmen zwar vielleicht auf chinesische Lieferanten verzichten, aber derzeit sind die USA in einigen Warengruppen extrem abhängig von China. So stammten beispielsweise 90 Prozent der im Jahr 2024 in die USA importierten Mikrowellen und elektrischen Ventilatoren aus China, ebenso wie 80 Prozent der Smartphones[175]. Es wird äußerst schwierig sein, kurzfristig alternative Lieferanten zu finden.

Diese höheren Preise zu bezahlen, dürfte noch schwieriger sein, da es weniger Arbeitsplätze geben wird. Das Budget Lab schätzt außerdem, dass die Trump-Steuer die Arbeitslosigkeit um 0,4 Prozentpunkte erhöhen und das BIP-Wachstum im Jahr 2025 um 0,7 Punkte niedriger ausfallen wird als ohne die Steuer.[176]

Die Tax Foundation, ein überparteilicher Thinktank, schätzt, dass die Zölle das Einkommen nach Steuern im Jahr 2025 um durchschnittlich 1183 US-Dollar pro Haushalt oder 1,1 Prozent senken würden.[177] Insgesamt stellen die Zölle die größte Steuererhöhung für US-Bürger seit 1993 dar.

Die Auswirkungen der Zölle auf die Preise sind nicht die einzige Belastung, die ärmeren Amerikanern durch Trumps Wirtschaftsprogramm auferlegt wird. In seinem Haushaltsplan, den er im Mai dem Kongress vorgelegt hat, schlug der Präsident die Abschaffung des Low Income Home Energy Assistance Program vor, das ärmere Verbraucher bei der Bezahlung ihrer Stromrechnungen unterstützt (die Mitarbeiter, die dieses Programm betreuten, waren bereits entlassen worden[178]). Eine weitere geplante Kürzung betrifft ein Bildungsprogramm, das Schülern aus ärmeren Verhältnissen Unterstützung gewährt.[179] Von den Republikanern im Repräsentantenhaus vorangetriebene Vorschläge sehen Kürzungen bei Programmen für erschwingliche Lebensmittel (Supplemental Nutrition Assistance oder kurz SNAP genannt), Medicaid (Krankenversicherung für Bedürftige) und Medicare (Krankenversicherung für Senioren) vor.[180]

Diese Kürzungen lassen kaum auf eine Regierung schließen, die auf der Seite des einfachen Mannes gegen die »Elite« steht. Auch sind diese Kürzungen nicht Teil eines Plans, um den Bundeshaushalt auszugleichen. Trump will außerdem die 2017 während seiner ersten Amtszeit beschlossenen Steuersenkungen verlängern. Das überparteiliche Tax Policy Center schätzt, dass eine Verlängerung der Steuersenkungen von 2017 die Einnahmen des Bundes in den nächsten zehn Jahren um durchschnittlich 460 Milliarden US-Dollar pro Jahr verringern würde. Rund zwei Drittel der Vorteile dieser Steuersenkungen würden den obersten 20 Prozent der US-Verdiener zugutekommen. Die ärmsten 20 Prozent der Verdiener würden eine Einkommenssteigerung von nur 0,6 Prozent pro Jahr erhalten.[181]

Im Mai, nachdem die Republikaner im Kongress ihren vollständigen Haushaltsentwurf vorgestellt hatten, berechnete das Center on Budget and Policy Priorities, dass allein die Steuersenkungen zu einem Einkommensanstieg von 4,3 Prozent für die reichsten 1 Prozent der Amerikaner führen würden; das entspricht durchschnittlich 64 770 US-Dollar. Die ärmsten 20 Prozent der Bevölkerung würden nur eine Steigerung von 0,6 Prozent oder durchschnittlich 90 US-Dollar erhalten. Natürlich zahlen die Reichsten auch die meisten Steuern. Wenn man jedoch die Steuersenkungen mit den Auswirkungen der Zölle (eine Steuer auf den Konsum) kombiniert, würde das oberste 1 Prozent eine Einkommenssteigerung von 3 Prozent erhalten, während die untersten 20 Prozent durchschnittlich 0,6 Prozent verlieren würden.[182] Das liegt daran, dass die Reichen einen großen Teil ihres Einkommens sparen, während die Armen fast ihr gesamtes Einkommen ausgeben (und somit proportional mehr Trump-Steuer zahlen).

Diese Zahlen berücksichtigen nicht die Auswirkungen der Kürzungen bei Medicaid und SNAP, die ausschließlich die Armen treffen werden. Ersten Schätzungen zufolge würden durch die Kürzungen im Medicaid-Programm 10,3 Millionen Menschen ihre Krankenversicherung verlieren und 7,6 Millionen Menschen ohne Krankenversicherung dastehen.[183] Durch die geplanten Kürzungen bei den Mitteln für das SNAP-Programm, bei dem ein größerer Teil der Last auf die Bundesstaaten verlagert wird, könnte dies bei einem Viertel aller Empfänger, darunter viele in ländlichen Gebieten, die für Trump gestimmt haben, zu Streichungen führen.[184] Das ist kein Einsatz für arbeitende Familien, sondern vielmehr ein Herumtrampeln auf ihnen.

## Nicht alle sind gleich

All diese Steueränderungen und Ausgabenkürzungen werden die Ungleichheit in der US-Wirtschaft nur noch verstärken. Der Gini-Koeffizient misst die Einkommensverteilung in einer Volkswirtschaft. Ein Wert nahe 1 bedeutet, dass die Einkommen stark in den Händen einiger weniger konzentriert sind; ein Wert näher an 0 bedeutet größere Gleichheit. Der durchschnittliche Gini-Koeffizient in der OECD liegt bei 0,313, in den USA jedoch bei 0,395. Der Unterschied mag gering wirken, ist aber bedeutend. Alle europäischen Länder (für die der OECD Zahlen vorliegen) sind gleicher als dieses Niveau. Schweden und Norwegen liegen bei 0,286 beziehungsweise 0,285.[185] Diese Gleichheit hat die norwegische Wirtschaft nicht gebremst; dank seiner Öl- und Gasvorkommen ist Norwegen gemessen am Pro-Kopf-BIP ein wohlhabenderes Land als die USA.

Im Durchschnitt der OECD-Länder besitzen die obersten 10 Prozent der Haushalte 51,7 Prozent des Vermögens. In Belgien und Japan liegt dieser Anteil bei 47,3 Prozent, in Frankreich bei 49,2 Prozent. In den USA beträgt er 79,1 Prozent und liegt damit mehr als 16 Prozentpunkte über dem Wert jedes anderen Landes, für das die OECD Zahlen angibt.[186] Diese Vermögensungleichheiten wurden weder von China noch von der EU verursacht, noch sind sie eine unvermeidliche Folge der Globalisierung, einem Phänomen, mit dem alle OECD-Länder konfrontiert sind. Diese Ungleichheit ist das Ergebnis von Entscheidungen amerikanischer Politiker.

Wenn US-Arbeitnehmer ihren Arbeitsplatz verlieren, sind ihre Ansprüche auf Sozialleistungen schlechter als in jedem anderen OECD-Land außer Ungarn, mit dem die USA gleichauf liegen. Nach einem Jahr ohne Beschäftigung erhält eine alleinstehende Person ohne Kinder in den USA 9 Prozent ihres früheren Lohns; in sechs europäischen Ländern liegt dieser Anteil bei über 70 Prozent.[187]

Die USA sind das einzige Industrieland ohne eine nationale Regelung, wonach Arbeitnehmer Krankengeld erhalten müssen (einige Bundesstaaten, wie zum Beispiel Kalifornien, schreiben dies jedoch vor).[188] Es gibt weder eine bundesweit vorgeschriebene Mindestdauer für den Jahresurlaub noch eine bundesweite Verpflichtung zur Gewährung von Mutterschaftsurlaub. Auch dies ist eine politische Entscheidung.

Einige Republikaner würden vielleicht argumentieren, dass das Fehlen dieser Bestimmungen Arbeitgebern und Arbeitnehmern mehr Flexibilität bei Verhandlungen in einem freien Markt einräumt. Es ist jedoch seltsam, dass Arbeitgeber zwar selbst entscheiden können, zu welchen Bedingungen sie ihre Arbeitnehmer beschäftigen, aber (dank Zöllen) nicht, welche Lieferanten sie beauftragen.

Im Großen und Ganzen haben Arbeitnehmer in Amerika also weniger Rechte als in anderen Ländern. Theoretisch bedeutet dies, dass der US-Arbeitsmarkt flexibler ist und Arbeitnehmer leichter einen Arbeitsplatz finden. Und es ist sicherlich richtig, dass die Arbeitslosenquote in den USA im Jahr 2024 mit 4,1 Prozent unter dem weltweiten Durchschnitt von 4,9 Prozent lag.[189] Aber diese Flexibilität des Arbeitsmarkts hat für die Beschäftigung in der Produktionsindustrie nicht viel gebracht. In Frankreich, wo die Arbeitnehmerrechte sehr stark sind, macht die Beschäftigung in der Produktionsindustrie 11 Prozent der Gesamtbeschäftigung aus, in den USA sind es nur 8 Prozent.[190]

Die Vereinten Nationen erstellen einen Index der menschlichen Entwicklung, der Kennziffern für das Nationaleinkommen, die Lebenserwartung und die Dauer der Schulbildung miteinander verbindet. Obwohl die USA oft als reichste Nation der Welt bezeichnet werden, stehen sie in dieser Tabelle nicht an der Spitze, sondern gemeinsam mit Liechtenstein und Neuseeland auf Platz 17.[191] Viele europäische Länder liegen im Index der menschlichen Entwicklung vor den USA, ebenso wie Australien, Kanada, Hongkong, Singapur und die Vereinigten Arabischen Emirate. Bemerkenswert ist, dass die Lebenserwartung in den USA vier Jahre unter der in Schweden und Singapur liegt. Auch diese Zahlen sind das Ergebnis von Innenpolitik und nicht des Agierens von Handelspartnern.

Wie sieht es mit dem schleppenden Anstieg des Lebensstandards aus, der möglicherweise die Unzufriedenheit der Kernwählerschaft von Trump begründet? Wie John Lettieri[192] und Noah Smith[193] aufgezeigt haben, gab es die längste Phase der Stagnation der Reallöhne in den USA zwischen 1973 und 1995, also vor dem Beitritt Chinas zur WTO. Die USA traten 1994 dem Nordamerikanischen Freihandelsabkommen (NAFTA) bei, was, prognostizierten manche, negative Folgen für die US-Arbeitnehmer haben würde, doch tatsächlich stiegen die Reallöhne nach 1995 stark an.

In den frühen 2000er-Jahren kam es zu einer weiteren Verlangsamung des Lohnwachstums, die wahrscheinlich mit dem »China-Schock« (siehe Kapitel 4) zusammenhing, und nach 2007, als die Finanzkrise das Land erfasste. Nach 2015 stiegen die Reallöhne jedoch wieder an, obwohl Chinas Anteil am Welthandel weiter zunahm. Für die langfristige Verlangsamung der Reallohnentwicklung gibt es viele mögliche Erklärungen, der internationale Handel ist jedoch nicht der wahrscheinlichste Grund. Wie Noah Smith hervorhebt, war der Anteil der Importe am US-BIP während der Phase der Lohnstagnation vor 1995 unverändert, stieg jedoch nach 1995, als die Reallöhne wieder anzogen.[194]

## Immer mehr Schulden

Abgesehen von den Auswirkungen auf die Ungleichheit bergen die Haushaltsvorschläge von Präsident Trump und den Republikanern im Kongress weitere Gefahren, insbesondere in Verbindung mit den Zöllen. Sie basieren auf der Illusion, dass Steuersenkungen für Besserverdienende so viele Einnahmen bringen, dass sie sich selbst finanzieren. Die Erfahrung widerlegt diese Annahme. Im Jahr 2017 wurden während der ersten Amtszeit von Präsident Trump die Steuern erheblich gesenkt. Das Haushaltsdefizit belief sich in diesem Jahr auf 666 Milliarden US-Dollar oder 3,5 Prozent des BIP; bis 2019 stieg das Defizit auf jährlich 984 Milliarden US-Dollar oder 4,6 Prozent des BIP.[195] Die Steuersenkungen führten zu einem Rückgang der Einnahmen im Verhältnis zum BIP, anstatt sich selbst zu finanzieren.[196] (Die Pandemie brach erst 2020 aus, die Angaben hier sind also nicht von ihr beeinflusst.)

Auch Präsident George W. Bush senkte 2001 und 2003 die Steuern, wobei die Gewinne vor allem den Besserverdienenden zugutekamen.[197] Im Jahr 2000, als Bill Clinton im Amt war, verzeichnete die US-Regierung sogar einen Haushaltsüberschuss. Im Laufe der Amtszeit von Bush stieg die Staatsverschuldung der USA jedoch von 5,7 Billionen US-Dollar auf 10 Billionen US-Dollar.[198] Fairerweise muss man sagen, dass die letzten beiden Jahre seiner Amtszeit den Beginn der Finanzkrise widerspiegelten (obwohl diese tatsächlich erst 2009 die größten Auswirkungen auf das Defizit hatte).

Im ersten Viertel des 21. Jahrhunderts war die Welt mit einer Pandemie, der Finanzkrise und dem russischen Einmarsch in der Ukraine konfrontiert. Das Auftreten solcher Schocks, die die Staatsfinanzen belasten, legt nahe, dass Regierungen darauf achten sollten, in guten Zeiten keine zu hohen Schulden zu machen. Zumindest sollten sie darauf achten, die Steuerbasis nicht zu untergraben.

Die Staatsverschuldung der USA liegt derzeit bei rund 37 Billionen US-Dollar und ist damit fast viermal so hoch wie bei Bushs Ausscheiden aus dem Amt im Jahr 2009.[199] Das entspricht mehr als 120 Prozent des BIP,[200] wobei fast ein Fünftel dieser Schulden bei einer anderen staatlichen Stelle, der Federal Reserve, liegt.[201] Das liegt daran, dass die Fed im Rahmen des quantitativen Lockerungsprogramms (Quantitative Easing oder kurz QE) nach der Finanzkrise von 2007 bis 2009 Anleihen gekauft hat. Nichtsdestotrotz hat die Fed begonnen, ihre QE-Bestände abzubauen, was bedeutet, dass andere Investoren letztendlich mehr US-Staatsanleihen kaufen müssen, um die Kreditaufnahme des Landes zu finanzieren.

Normalerweise gibt es viele willige Käufer für US-Staatsanleihen. Aber die für den Kauf verlangten Zinsen oder Renditen sind gestiegen. Ein Staatsverschuldungsproblem kann sich beschleunigen, wenn die Zinsen höher sind als das Wirtschaftswachstum. Da Zölle das Wirtschaftswachstum bremsen werden, besteht die Gefahr, dass Steuersenkungen für Reiche das Schuldenproblem erheblich verschärfen. Und das bedeutet wiederum höhere Zinsen in der gesamten US-Wirtschaft, sowohl für Unternehmen als auch für Hausbesitzer.

## Auf wessen Seite stehen sie?

Die Trump-Regierung behauptet zwar, die Interessen der arbeitenden Bevölkerung gegen die »Elite« zu vertreten, doch ihre Bereitschaft, Vorschriften zum Schutz von Verbrauchern und Bürgern abzuschaffen, steht im Widerspruch dazu. Ein Beispiel dafür ist ein Vorschlag der Behörde für finanziellen Verbraucherschutz CFPB, die Möglichkeiten von Datenbrokern zum Verkauf sensibler Informationen über US-Bürger, wie Kreditwürdigkeit und Sozialversicherungsnummern, einzuschränken. Der Vorschlag wurde vom amtierenden Leiter der CFPB, Russell Vought, fallen gelassen, der einer der Verfasser des radikalen Entwurfs für Trumps Regierungsprogramm in seiner zweiten Amtszeit, »Project 2025«, war.[202]

Eine weitere CFPB-Regelung, die gestrichen wurde, war ein Plan, Überziehungsgebühren für Banken mit einem Vermögen von mehr als 10 Milliarden US-Dollar auf 5 US-Dollar zu begrenzen.[203] Tatsächlich versucht die Regierung, die CFPB zu entkernen, die nach der Finanzkrise von 2007 bis 2009 eingerichtet wurde, um die Banken zu überwachen, nachdem deren Fehlverhalten als Ursache für den wirtschaftlichen Zusammenbruch angesehen wurde. Ironischerweise führte die Krise zum Aufstieg der Tea-Party-Protestbewegung, die sich in politische Unterstützung für Trump verwandelte. Mitarbeiter der CFPB haben davor gewarnt, dass die drastischen Kürzungen dazu führen werden, dass die Behörde nicht mehr in der Lage sein wird, die Einhaltung der Gesetze zu Hypotheken und fairer Kreditvergabe zu überwachen.[204] Dies ist ein Bereich, in dem die Trump-Regierung eindeutig die Wall Street gegenüber Otto Normalverbraucher bevorzugt.

Die Trump-Regierung hat auch Vorschriften zurückgenommen, die die Bürger vor den Auswirkungen der Quecksilberbelastung in der Luft und im Wasser schützen sollten, sowie Vorschriften zum Austausch von Bleirohren.[205] Gleichzeitig werden Kürzungen bei der Food and Drug Administration die Behörde in ihrer Fähigkeit einschränken, die Sicherheit von Arzneimitteln[206] und Lebensmitteln zu überwachen.[207]

Hier besteht eine große Diskrepanz. Die Kürzungen bei der CFPB und der FDA werden im Namen der Deregulierung vorgenommen – mit der Begründung, dass Unternehmen prosperieren, wenn ihnen der Staat nicht im Weg steht. Um es noch einmal zu wiederholen: Dieses Argument steht in völligem Widerspruch zu den Zöllen, mit denen der Staat in die Entscheidungen der Unternehmen über die Auswahl und den Standort ihrer Lieferanten eingreift. Diese inkohärente Politik führt zum Thema des letzten Kapitels: Die Trump-Regierung hat keinen klaren Plan.

KAPITEL 6

# Der Mann ohne Plan

»Tom und Daisy waren sorglose Menschen – sie zerstörten Dinge und Menschen und zogen sich dann in ihr Geld oder ihre grenzenlose Sorglosigkeit zurück, oder was auch immer es war, das sie zusammenhielt, und ließen andere die Scherben aufräumen, die sie hinterlassen hatten.«

**F. Scott Fitzgerald,** *Der große Gatsby*

Die Wirtschaftspolitik von Donald Trump zu analysieren, ist in etwa so, als wolle man Wackelpudding an die Wand nageln. Es gab so viele verwirrende Kurswechsel, sogar während ich dieses Buch geschrieben habe. Wir wissen, dass Trump das Prinzip von Zöllen mag, aber er ist bereit, seine Meinung darüber zu ändern, für welche Länder und welche Produkte die Zölle gelten sollen und wie hoch sie sein sollen.

Nach dem Rückzug Mitte Mai in Bezug auf die chinesischen Zollsätze atmeten die Investoren sichtlich auf. Da der lächerliche Satz von 145 Prozent fallen gelassen worden war, dachten sie, der Präsident sei zur Vernunft gekommen. Das ist jedoch ein Irrtum. Der effektive Zollsatz war immer noch um mehr als 15 Prozentpunkte auf den höchsten Stand seit den 1930er-Jahren gestiegen.[208] Selbst, wenn ein Gericht gegen den Zollplan entscheiden sollte, wird Trump wohl kaum so leicht aufgeben, und das Potenzial für weiteres Chaos bleibt bestehen. Die Zölle sind zwar sehr schlecht, aber Trumps Unberechenbarkeit ist noch schlimmer. Ein Mann, der gestern seine Meinung geändert hat, kann das morgen rückgängig machen.

Klar ist, dass Trump die nach dem Zweiten Weltkrieg entstandene multinationale Ordnung nicht mag. Dieses System wurde zum Teil von dem großen Ökonomen John Maynard Keynes geschaffen, der den Titel dieses Buches inspiriert hat. Eine der nach dem Krieg gegründeten Institutionen war der Internationale Währungsfonds, der in den folgenden 80 Jahren eine wichtige Rolle als globaler Kreditgeber der letzten Instanz spielen sollte. Daher war es nur folgerichtig, dass der IWF Mitte April 2025 seine globalen Wachstumsprognosen senkte und erklärte, dass »das globale Wirtschaftssystem, in dem die meisten Länder in den letzten 80 Jahren gelebt haben, neu aufgestellt wird, was die Welt in eine neue Ära führt«.[209] Der IWF fügte jedoch trocken hinzu: »Bestehende Regeln werden infrage gestellt, während sich neue erst noch herauskristallisieren müssen.«

Das nach 1945 entstandene Handelssystem wurde zunächst durch das Allgemeine Zoll- und Handelsabkommen (GATT) und später durch die Welthandelsorganisation (WTO) entwickelt. Das Leitprinzip bestand darin, ein Klima zu schaffen, in dem die Nationen einander so weit wie möglich gleich behandeln. Das Ergebnis war über Jahrzehnte hinweg ein erheblicher Rückgang der Zölle und eine enorme Ausweitung des Welthandels.

Die Trump-Regierung ist entschlossen, dieses Handelssystem zu zerstören, aber es ist noch völlig unklar, was sie an dessen Stelle setzen will. Der stärkste Eindruck ist, dass es ihr vor allem darum geht, das System zu zerstören. Diese Turbulenzen erinnern eher an die Strategie der »permanenten Revolution« von Mao Zedong als an die vernünftige Führung einer entwickelten Volkswirtschaft.

Der Wirtschaftsanalyst Joey Politano äußerte sich frustriert: »Die Regierung hat nie eine einzige Grafik zu den Zöllen veröffentlicht. Sie hat nie eine Stellungnahme zu den politischen Zielen der Zölle vorgelegt. Sie hat nicht einmal das veröffentlicht, was sie eigentlich hätte veröffentlichen müssen. Sie hätte eine Einnahmeschätzung im Rahmen der Steuerpolitik vorlegen müssen. Das hat sie nie getan. Daher ist es wirklich schwer zu beurteilen, was sie eigentlich erreichen will.«[210]

Die beste Vermutung ist, dass Trump ein multilaterales System nicht mag, weil es sein Handeln einschränkt (tatsächlich mag er keine andere Institution, die sein Handeln einschränkt). Er würde viel lieber bilateral mit anderen Nationen verhandeln, da dies seinen Einfluss vergrößert (und er dabei gelegentlich ein Flugzeug bekommen könnte[211]). Ein solcher Ansatz macht den Handel jedoch viel weniger vorhersehbar und dürfte Unternehmensinvestitionen und das Wirtschaftswachstum einschränken.

## Sehr sorglose Menschen

Das Zitat zu Beginn dieses Kapitels stammt aus *Der große Gatsby*, veröffentlicht am 10. April 1925, fast genau 100 Jahre vor der Bekanntgabe des Trump-Zollpakets. Wie Tom und Daisy können Trump und die vielen Milliardäre in seinem Umfeld der Wirtschaft enormen Schaden zufügen und sich dann wieder in ihr privilegiertes Leben zurückziehen. Ihnen wird es immer gut gehen. Es sind andere – Politiker in späteren Regierungen, Staats- und Regierungschefs anderer Länder, Führungskräfte aus der Wirtschaft und vor allem die Bürger der USA und anderer Länder –, die die Scherben aufkehren müssen.

In einigen Punkten hatte die Trump-Regierung stichhaltige Argumente vorzubringen. China behandelt andere Länder im Handel tatsächlich unfair, und die chinesischen Bürger würden zweifellos davon profitieren, wenn das Land von einem exportorientierten Modell zu einem Modell überginge, das den Binnenkonsum fördert. Das würde auch der Welt zugutekommen, denn die Konsumausgaben der Chinesen könnten ein starker Motor für das globale Wachstum sein. Trump hat auch recht, wenn er sagt, dass die europäischen Länder zu wenig für ihre eigene Verteidigung ausgeben und sich in Sicherheitsfragen zu sehr auf die USA verlassen. Und seine Popularität beruht zum Teil auf einer echten Unzufriedenheit: Die einfachen Arbeitnehmer in den USA haben eine lange Phase stagnierender Reallöhne hinter sich.

Aber Trumps Ansatz zur Lösung dieser Probleme ist kontraproduktiv, denn er zerstört, was er aufbauen könnte. In der China-Frage hätte es vielleicht eine Chance gegeben, eine gemeinsame Basis mit anderen Ländern zu finden, die sich von der chinesischen Regierung benachteiligt fühlen. Diesen Ansatz verfolgte Präsident Obama, der geduldig ein Transpazifisches Partnerschaftsabkommen (TPP) aushandelte, an dem zwölf Länder beteiligt waren, darunter Kanada, Mexiko, Australien, Neuseeland und wichtige asiatische Länder wie Japan, Singapur und Vietnam, jedoch nicht China. Die Brookings Institution kam zu dem Schluss, dass das Abkommen »positiv zum Wirtschaftswachstum der USA beigetragen hätte und auch den Einfluss der USA in Asien und in der Welt hätte stärken können, indem es Verbündeten und Rivalen versichert hätte, dass die Vereinigten Staaten eine multidimensionale ständig anwesende Macht sind«.[212]

Doch Trump zog die USA am ersten Tag seiner ersten Amtszeit aus der TPP zurück. Die verbleibenden elf Mächte trieben das Abkommen voran, und Großbritannien trat 2024 bei. Nach der Ankündigung der Zölle am 2. April wurde darüber gesprochen, das Bündnis, das nun CPTPP (die zusätzlichen Buchstaben stehen für »umfassend« und »fortschrittlich«) heißt, als Freihandelszentrum für die Länder zu nutzen, die am stärksten von den Zöllen betroffen sind. So könnte aus einem Abkommen, das ursprünglich dazu gedacht war, China zu isolieren, ironischerweise ein Abkommen werden, das stattdessen die USA isoliert.

Die Trump-Regierung scheint auch die Stärke der Verhandlungsposition Chinas erheblich unterschätzt zu haben. »Sie spielen mit einem Paar Zweien«, sagte Scott Bessent über die Chinesen. »Was verlieren wir, wenn die Chinesen ihre Zölle für uns erhöhen? Wir exportieren ein Fünftel dessen, was sie zu uns exportieren, also ist das ein Verlustgeschäft für sie.«[213]

Auch dies ist ein Missverständnis der Natur des Handels. Länder importieren Waren und Dienstleistungen, weil sie diese Produkte wollen. Wenn sie keinen Handel treiben, bekommen sie die Waren nicht.

»Die Vereinigten Staaten beziehen lebenswichtige Güter aus China, die nicht kurzfristig ersetzt oder zu erschwinglichen Kosten im eigenen Land hergestellt werden können«, schrieb Adam Posen vom Peterson Institute.[214] Er fügte hinzu: »Angesichts der Tatsache, dass die US-Wirtschaft bei lebenswichtigen Gütern (Arzneimittelvorräte, billige Elektronikkomponenten, kritische Mineralien) vollständig von chinesischen Quellen abhängig ist, ist es äußerst leichtsinnig, *vor der* Einstellung des Handels keine alternativen Lieferanten oder eine ausreichende heimische Produktion sicherzustellen.«

Ein erfahrener China-Beobachter hätte auch erkennen können, dass Präsident Xi auf Schikanen mit einer negativen Reaktion antworten würde. Dieser Instinkt ist zum Teil durch das »Jahrhundert der nationalen Demütigung« nach 1842 inspiriert, als Teile Chinas von ausländischen Mächten besetzt waren. Im Jahr 2025 ist die chinesische Wirtschaft stark genug, um finanzielle Einbußen zu verkraften; besser das, als in einem außenpolitischen Streit das Gesicht zu verlieren.

Als Trump im Mai die 145-prozentigen Zölle auf chinesische Waren fallen ließ, erreichte er keine nennenswerten Zugeständnisse von Peking. Die Chinesen hoben lediglich die von ihnen verhängten Vergeltungszölle wieder auf. Nachdem sie Trumps Bluff einmal durchkreuzt hatten, könnten die Chinesen geneigt sein, dies erneut zu tun.

## Die Verbündeten vor den Kopf stoßen

Was Europa betrifft, so veranlassten Trumps Maßnahmen sicherlich viele EU-Staaten dazu, Pläne zur Erhöhung ihrer Verteidigungsausgaben anzukündigen. Aber seine feindselige Haltung gegenüber den alten Verbündeten Amerikas hatte erhebliche negative Auswirkungen auf die »Soft Power« der USA, also ihre Fähigkeit, andere Nationen zu beeinflussen. Friedrich Merz, der deutsche Bundeskanzler, der zuvor ein starker Befürworter eines Bündnisses mit den USA gewesen war, vollzog eine Kehrtwende. Im Februar 2025 erklärte er: »Für mich wird absolute Priorität haben, so schnell wie möglich Europa so zu stärken, dass wir Schritt für Schritt auch wirklich Unabhängigkeit erreichen von den USA.« Er fügte hinzu: »... spätestens nach den Äußerungen aus der letzten Woche von Donald Trump ist klar, dass den Amerikanern, jedenfalls diesem Teil der Amerikaner, dieser Regierung, das Schicksal Europas weitgehend gleichgültig ist.«[215]

Die Reaktionen Europas wurden nicht nur durch Trumps Forderungen nach höheren Verteidigungsausgaben ausgelöst, sondern auch durch seine offensichtliche Feindseligkeit gegenüber der Ukraine, die seit 2022 gegen eine russische Invasion kämpft. Während die Biden-Regierung die Unterstützung der Ukraine als wesentliches Element zur Förderung der Demokratie gegen die russische Autokratie betrachtete, hielt Trump dies für ein riskantes Unterfangen. Stattdessen schien sein Hauptinteresse an der Ukraine in einem Abkommen zur Sicherung der Bodenschätze des Landes zu liegen. Er war der Meinung, dass die territorialen Gewinne Russlands offiziell anerkannt werden sollten.

Auf die Frage, ob er den Einsatz militärischer Gewalt zur Eroberung Grönlands und des Panamakanals ausschließen könne, antwortete er: »Nein, ich kann Ihnen keines von beiden zusichern«, bevor er hinzufügte: »Wir brauchen Grönland aus Gründen der nationalen Sicherheit.«[216] Dies war ein großer Schock für die europäischen Länder, die sich seit 1949 auf das NATO-Bündnis verlassen hatten, um sich gegen russische Aggressionen zu schützen. Es untergrub die Vorstellung von den USA als einer wohlwollenden Supermacht, die sich grundlegend anders verhalte als Russland oder China.

Beispielsweise würden Verbündete normalerweise nicht erwarten, dass die USA gegen ihre amtierende Regierung vorgehen. Trump hat Kanada jedoch wiederholt als »51. Bundesstaat« bezeichnet und dessen Eingliederung in die USA gefordert, während er den ehemaligen Premierminister Justin Trudeau als »Gouverneur« Trudeau verspottete. Das Ergebnis war eine dramatische Wende in den Umfragen, als Trudeaus Nachfolger als Vorsitzender der Liberalen, Mark Carney, im April 2025 die Wahl gewann, weil er als fähig angesehen wurde, sich gegen Trump zu behaupten, während sein konservativer Gegner seinen Sitz verlor. Kurz darauf wurde der australische Premierminister Anthony Albanese klar wiedergewählt, weil sein Gegner als Trump-ähnlich galt. Dies ist ein neues Phänomen in der demokratischen Welt: Wahlergebnisse, die von der Ablehnung eines US-Präsidenten durch die Öffentlichkeit bestimmt werden.

## Soft Power, harte Währung

Warum ist das alles für die US-Wirtschaft von Bedeutung? Soft Power hat weitreichende Auswirkungen. Sie macht die USA zu einem attraktiven Ort zum Leben und Arbeiten und erhöht die Attraktivität der dort hergestellten Waren und Dienstleistungen. Wenn Soft Power schwindet, können die Auswirkungen ebenfalls weitreichend sein. Europäische Autokäufer wandten sich von der Elektromarke Tesla ab, einem Unternehmen, das von Elon Musk geführt wird, dessen kontroverse Äußerungen unter anderem eine Einmischung in die deutschen Wahlen zugunsten der rechtsextremen AfD-Partei umfassten. Dies war eine spektakuläre Fehleinschätzung von Musk, da die Verbraucher, die am ehesten bereit sind, Elektroautos zu kaufen, sich im Zweifel mehr Sorgen über den Klimawandel machen und politisch liberaler sind.

Im März 2025 gingen die Verkäufe von Tesla in Europa um 49 Prozent gegenüber dem Vorjahr zurück, obwohl die Gesamtverkäufe von Elektrofahrzeugen um 28 Prozent stiegen.[217] Der Automobilsektor ist eine der Branchen, denen Trump am meisten helfen möchte, und Tesla ist gemessen an der Börsenkapitalisierung der wertvollste Automobilkonzern der USA. Der Präsident sah sich gezwungen, eine Tesla-Autoshow im Weißen Haus zu veranstalten, um den Absatz anzukurbeln.

Weitere wirtschaftliche Auswirkungen zeigten sich im Tourismussektor. Im März 2025 gab es einen starken Rückgang der Fluggäste, die aus Großbritannien (minus 15 Prozent im Vergleich zum Vorjahr), Spanien (minus 24 Prozent), Irland (minus 27 Prozent) und Deutschland (minus 29 Prozent) in die USA flogen.[218] Noch größer waren die Auswirkungen in Kanada, dessen Existenz durch Trumps Rhetorik bedroht war. Im März gingen die Buchungen für Flüge von Kanada in die USA zeitweise um 70 Prozent gegenüber dem Vorjahr zurück.[219]

Ein Rückgang des Tourismus hat durchaus wirtschaftliche Auswirkungen. Es ist tatsächlich beachtenswert, dass der Incoming-Tourismus als Export zählt (er bringt Einnahmen aus dem Ausland). Für ein Land, das versucht, sein Leistungsbilanzdefizit zu verringern, ist das Vergraulen von ausländischen Touristen ein Schritt in die falsche Richtung.

Ausländer sind zudem besorgt über das scharfe Vorgehen gegen Einwanderung, bei dem auch einige Touristen ins Netz gerieten.[220] Eine walisische Touristin wurde in Handschellen abgeführt und 19 Tage lang festgehalten, als sie das Land verlassen wollte;[221] einem französischen Wissenschaftler wurde Berichten zufolge die Einreise verweigert, nachdem Grenzbeamte auf seinen persönlichen Geräten kritische Äußerungen zu Trumps Politik gefunden hatten.[222] Unabhängig von den genauen Details dieser Vorfälle haben sie bei allen, die eine Reise in die USA planen, das Gefühl eines zusätzlichen Risikos geweckt.

Diese Besorgnis wird durch die Abschiebung mutmaßlicher venezolanischer Bandenmitglieder nach El Salvador ohne Gerichtsverfahren und unter Missachtung gerichtlicher Anordnungen, ihnen den Aufenthalt weiterhin zu gewähren, noch verstärkt worden sein.[223] Das Gefühl, dass die Rechtspraxis in den USA willkürlich und grausam ist, schwächt das Image des Landes als »Land der Freien« und Leuchtturm der Demokratie. Der Democracy Perception Index, eine weltweite Meinungsumfrage, ergab, dass der Anteil der Länder, in denen die Bevölkerung eine positive Meinung von den USA hatte, von 76 Prozent im Jahr 2024 auf 45 Prozent im April 2025 gesunken war.[224]

## Sag mir, was du willst, was du wirklich willst

Es wurde viel über Trumps Verhandlungsgeschick gesprochen. Aber Trumps Entscheidungsprozess ist so chaotisch, dass andere Länder nicht wissen, wie sie mit den USA verhandeln sollen. »Was will diese Regierung genau? Wollen sie ein neues Handelsabkommen? Wollen sie Zölle? Wir wissen es einfach nicht«, sagte der niederländische Finanzminister Eelco Heinen im April gegenüber der *Financial Times*.[225]

Japan war eines der ersten Länder, das Handelsverhandlungen mit den USA aufnehmen wollte, und Präsident Trump verkündete schnell, dass die Gespräche gut vorankämen. Reporter, die mit den Japanern sprachen, hörten jedoch die Beschwerde, dass die USA ihre Forderungen ständig änderten. Chas Freeman, ein ehemaliger US-Botschafter, berichtete: »Die amerikanische Führung fragte: ›Was bieten Sie an?‹ Und die Japaner antworteten: ›Nun, was wollen Sie denn?‹ Und die Amerikaner konnten nicht erklären, was sie wollten.«[226]

Ein Bericht verwies auf die Frustration der Japaner darüber, dass die Amerikaner einen angeblichen japanischen Zoll von 700 Prozent auf Reis und für Automobile einen »Bowlingkugel-Test« anführten, bei dem eine Kugel aus einer Höhe von sechs Metern auf die Motorhaube eines Autos fallen gelassen wird, um zu sehen, ob sie diese verbeult. Keine dieser Bestimmungen existiert.[227] Solche Missverständnisse machen es sehr schwer vorstellbar, wie die Verhandlungen mit Japan vor Ablauf der 90-tägigen Aussetzung der erhöhten Zölle beendet werden können. Dies erklärt wiederum, warum die Trump-Regierung die Verhandlungen mit den meisten Ländern aufgegeben und angekündigt hat, die Zollsätze einseitig festzulegen.

Andere Nationen werden Trump wahrscheinlich nicht als verlässlichen Verhandlungspartner ansehen. Im Jahr 2018 schlossen die USA, Mexiko und Kanada ein neues Handelsabkommen (aus offensichtlichen Gründen USMCA genannt), das das von Trump häufig kritisierte Nordamerikanische Freihandelsabkommen (NAFTA) ersetzte. Der Präsident bezeichnete das von seiner Regierung ausgehandelte Abkommen als »ein großartiges Geschäft für alle drei Länder«, das »unseren Landwirten und Produzenten die Märkte erheblich öffnet«.[228] Als er jedoch 2025 wieder ins Amt kam, gehörten Kanada und Mexiko zu den ersten Ländern, die Trump mit Zöllen belegte. Die logische Schlussfolgerung ist, dass ein Deal mit Trump wie eine Zahlung an einen Erpresser ist: Er wird immer wieder zurückkommen, um mehr zu verlangen.

Das Vereinigte Königreich war im Allgemeinen ein treuer Verbündeter der USA und unterstützte Amerika beispielsweise bei seinen Invasionen in Afghanistan und im Irak. Bei seinem ersten Besuch im Oval Office im Februar 2025 schmeichelte der britische Premierminister Sir Keir Starmer Präsident Trump mit einer Einladung zu einem zweiten Staatsbesuch im Vereinigten Königreich. Doch obwohl die USA einen ausgeglichenen Handel mit Großbritannien haben, wurde Großbritannien zunächst mit den üblichen 10 Prozent Zöllen belegt und sollte ursprünglich zusätzlichen Zöllen auf Autos, Stahl und Aluminium unterliegen.

Großbritannien war das erste Land, das am 8. Mai ein Abkommen mit den USA geschlossen hat. Eigentlich ist »Abkommen« ein zu starkes Wort. Es handelt sich um eine Rahmenvereinbarung, in der auf der ersten Seite (eines fünfseitigen Memorandums) steht, dass »sowohl die Vereinigten Staaten als auch das Vereinigte Königreich anerkennen, dass dieses Dokument keine rechtsverbindliche Vereinbarung darstellt«.[229] Der Zoll auf britische Autos wurde von 25 Prozent auf 10 Prozent gesenkt (nur für die ersten 100 000 verkauften Fahrzeuge), und die Zölle auf die winzige britische Stahlindustrie wurden auf null gesenkt. Trotz dieser offensichtlichen Zugeständnisse war das »Abkommen« so vage, dass, als Trump Ende Mai die Stahlzölle auf 50 Prozent erhöhte, nicht sofort klar war, ob das Vereinigte Königreich davon ausgenommen war. Im Gegenzug senkte Großbritannien die Zölle auf US-Rindfleisch und Ethanol. Die USA haben eindeutig das bessere Geschäft gemacht, da die durchschnittlichen britischen Zölle auf US-Waren niedriger waren als vor Trumps Amtsantritt, während die US-Zölle auf britische Waren höher waren.

Für US-Hersteller brachte das Abkommen jedoch nichts, was nicht anders zu erwarten war, da Großbritannien sich bereits zuvor nicht gegen US-Waren abgeschottet hatte. Alan Beattie, Handelsredakteur der *Financial Times*, bemerkte sarkastisch, dass »das Abkommen eher einer Schutzgeldzahlung an einen Mafiaboss als einem Liberalisierungsabkommen zwischen souveränen Staaten gleicht«.[230] Das Paket enthielt nichts, was die USA daran hindern könnte, später weitere Zugeständnisse zu fordern.

## Vertrauen und Kredit

Auch das Vertrauen von Investoren in die US-Politik wurde auf eine harte Probe gestellt. Wie bereits erwähnt, brachen der US-Aktienmarkt, der Anleihemarkt und der Dollar alle nach der Ankündigung vom 2. April gleichzeitig ein. Dies war höchst ungewöhnlich. Wie die Investmentbank Morgan Stanley in einem am 27. April veröffentlichten Analysebericht feststellte, ist dieses Muster »eher mit Schwellenländern als mit entwickelten Märkten assoziiert«. Die Analysten der Bank fügten hinzu, dass »die sich wandelnde Wahrnehmung der Marktteilnehmer hinsichtlich der Entwicklung der US-Wirtschaft und Politik die Weltwirtschaft und die Märkte in eine beispiellose Phase der Unsicherheit führen«.[231]

Diese Unsicherheit kam für Anleger, die stark in US-Vermögenswerten engagiert sind, überraschend. Die Begeisterung für US-

Aktien, insbesondere für Technologieunternehmen wie Apple, Microsoft und Alphabet (die Muttergesellschaft von Google), war so groß, dass Anfang 2025 der US-Aktienmarkt 70 Prozent des MSCI World Index ausmachte, dem von globalen Anlegern am häufigsten verwendeten Referenzindex. Im Vergleich dazu lag dieser Anteil 1988 bei etwa 30 Prozent und im Jahr 2000 bei 50 Prozent.[232]

Und nicht nur bei Aktien dominieren die USA. Wie bereits erwähnt, ist der Markt für US-Staatsanleihen der liquideste der Welt und stützt durch komplexe Konstruktionen wie Repos (mit einem Wert von rund 7 Billionen US-Dollar[233]) das System der Interbankenkredite. Der US-Dollar ist die wichtigste Währung für den internationalen Handel, die Emission von Schuldtiteln und grenzüberschreitende Kredite und macht den größten Teil der Reserven anderer Zentralbanken aus. Diese Dominanz wird angesichts des Mangels an geeigneten Alternativen nicht so schnell verschwinden, aber wie Morgan Stanley bemerkte: »Es ist schwer, den Geist wieder in die Flasche zu stecken, wenn solche Bedenken einmal geäußert wurden.«[234]

Investoren sehen kaum Anzeichen dafür, dass die Trump-Regierung das Problem versteht. Ein Treffen zwischen Stephen Miran, dem Vorsitzenden des Rates der Wirtschaftsberater, und einigen führenden Hedgefonds endete damit, dass einige Teilnehmer Miran als »inkohärent« und »überfordert« bezeichneten.[235] Ken Griffin ist Gründer von Citadel, einer Hedgefonds-Gruppe mit Anlagen im Wert von 65 Milliarden US-Dollar, und eine der angesehensten Persönlichkeiten an der Wall Street. Auf einer Konferenz im April sagte er: »Die Vereinigten Staaten sind mehr als nur eine Nation, sie sind eine universelle Marke. Ob es nun unsere Kultur, unsere Finanzkraft oder unsere militärische Stärke ist – Amerika ist mehr als nur ein Land. Es war für den größten Teil der Welt ein Vorbild, und wir sind gerade dabei, diese Marke zu untergraben.«[236]

Ein Verlust des Vertrauens internationaler Investoren wird Auswirkungen auf die US-Bürger haben. Im Mai 2025 stufte die Ratingagentur Moody's die Kreditwürdigkeit der USA von der höchsten

Stufe AAA herab. Die Herabstufung wurde von einem Anstieg der Anleiherenditen begleitet, was höhere Kreditkosten für die US-Regierung bedeutet. Diese höheren Zinskosten werden sich dann in höheren Kreditkosten für US-Unternehmen und Hypotheken von US-Hausbesitzern niederschlagen. Ein schwächerer Dollar wird die Preise für Importe unabhängig von der Höhe der Zölle erhöhen. Und wenn der US-Aktienmarkt an Wert verliert, wirkt sich das auf die langfristigen Ersparnisse aus, auf die die Verbraucher angewiesen sind.

Der Verkauf von Anleihen wurde durch die Pläne der Regierung verschlimmert, die Steuern für Wohlhabende zu senken, zu einer Zeit, in der das Haushaltsdefizit bereits erheblich ist und die Verschuldung der Bundesregierung fast 100 des BIP beträgt (und dabei ist der Anteil der Schulden, der von der FED gehalten wird, nicht mitgezählt). In einem umgekehrten Robin-Hood-Manöver nimmt Trump Geld von den Armen (Einschnitte bei Lebensmittelhilfe, Medicare und Medicaid), um seine Zuwendungen an die Reichen zu finanzieren. Jedoch sind die Steuersenkungen viel umfangreicher als die Ausgabenreduzierungen. Der Haushalt, den die Republikaner im Kongress verabschiedet haben, enthält auch eine Klausel, die es der Regierung erlaubt, Unternehmen und Investoren aus Ländern zu besteuern, die eine »unverhältnismäßige« Steuerpolitik betreiben – eine Regelung, die manche Investoren erschreckte.[237]

Paradoxerweise könnte ein Zusammenbruch der Märkte die beste Hoffnung der Welt sein, um Trumps schlimmste wirtschaftliche Torheiten einzudämmen. Angesichts der Marktturbulenzen hat er bereits einmal einen Rückzieher gemacht, und er könnte dies erneut tun. Aber selbst ein Rückzieher würde nicht ohne Folgen bleiben. Nach dem Einlenken bei den China-Zöllen im Mai kam das Center for Strategic and International Studies zu dem Schluss, dass die Vereinbarung »den erheblichen Schaden, der bereits durch erhöhte Kosten, unterbrochene Lieferketten und erhöhte Unsicherheit entstanden ist, nicht rückgängig macht und die Glaubwürdigkeit der USA gegenüber ihren Verbündeten schwächt. Die fortgesetzte

Verfolgung einer unberechenbaren Handelspolitik – gekennzeichnet durch vorübergehende Lösungen, strategische Inkonsistenz und anhaltende Unvorhersehbarkeit – untergräbt weiterhin die langfristige wirtschaftliche Widerstandsfähigkeit und die globale Führungsrolle der USA und verursacht vermeidbare Kosten für Verbraucher und Unternehmen gleichermaßen.«[238]

## Die Auswirkungen auf Arbeiter

Der für die Wähler vielleicht attraktivste Teil des Trump-Programms ist das Versprechen, hoch bezahlte Arbeitsplätze zurück nach Amerika zu holen, insbesondere in der Produktionsindustrie. Einfache Arbeiter hofften, dass damit ein seit Langem bestehendes Ungleichgewicht beseitigt würde. Während die Löhne der Spitzenverdiener zwischen 1979 und 2023 real (inflationsbereinigt) um 46 Prozent stiegen, betrug der Anstieg für Mittel- und Niedrigverdiener nur 17 Prozent.[239]

Wie jedoch im letzten Kapitel erwähnt, sind viele Industrienationen denselben Belastungen durch die Globalisierung ausgesetzt, ohne dass es dabei zu ähnlichen Einkommens- und Vermögensungleichheiten gekommen ist wie in den USA, und ihre Arbeitnehmer verfügen in der Regel über mehr Rechte und Sozialleistungen, die sie vor den Unwägbarkeiten des Konjunkturzyklus schützen.

Kurzfristig gehen die meisten Ökonomen davon aus, dass die hohen Zölle das Wirtschaftswachstum bremsen werden, was zu einem Anstieg der Arbeitslosigkeit oder zumindest zu einem Rückgang der Zahl der neu geschaffenen Arbeitsplätze führen wird. Gleichzeitig werden die hohen Zölle zu Versorgungsengpässen in den Geschäften und zu Preissteigerungen für die Verbraucher führen, während die Kürzungen der Sozialleistungen die ärmsten Bevölkerungsgruppen treffen werden. Eine größere Ungleichheit wird eine der wirtschaftlichen Folgen von Trump sein.

Das Gegenargument der Trump-Regierung lautet, dass die durch die Zölle verursachten Störungen nur kurzfristiger Natur sein werden und dass langfristig hoch bezahlte Arbeitsplätze in der Produktionsindustrie nach Amerika zurückkehren werden. Der Rückgang der Industriearbeitsplätze in den USA ist jedoch Teil eines langfristigen Trends, der in allen Industrieländern aufgetreten ist und eher auf die Automatisierung als auf den Handelswettbewerb zurückzuführen ist.

Langfristig wird das Wirtschaftswachstum hauptsächlich von zwei Faktoren bestimmt: einem Anstieg der Arbeitnehmerzahl und einer Steigerung ihrer Produktivität. Trump geht hart gegen die Einwanderung vor, eine der wichtigsten Quellen für neue Arbeitskräfte. Die Erwerbsbevölkerung in den USA wird im Zeitraum von 2023 bis 2033 voraussichtlich langsamer wachsen (3,7 Prozent) als im Zeitraum 2013 bis 2023 (7,5 Prozent).[240] Das bedeutet, dass die Produktivität einen größeren Teil der Last der Wachstumsgenerierung tragen muss.

Aber Trumps Pläne für die Wirtschaft werden dem Produktivitätswachstum entgegenwirken. Die Beschäftigung in der Produktionsindustrie der USA ist zwar zurückgegangen, aber die Wertschöpfung pro Arbeitnehmer ist stark gestiegen und liegt weit über der Chinas. Wenn die Zölle die USA dazu zwingen, die Produktion zurück ins eigene Land zu verlagern, müssen Ressourcen in weniger produktive Bereiche verlagert werden, was sich negativ auf das Gesamtproduktivitätswachstum auswirkt.

Ein weiterer Bestandteil des Trump-Programms, der für die Produktivität nichts Gutes verheißt, ist sein aggressives Vorgehen gegen die besten Universitäten und Forschungsprogramme des Landes. Der Versuch, Harvard daran zu hindern, ausländische Studenten aufzunehmen, wird eine Universität lähmen, die weltweit auf Platz drei rangiert,[241] und die feindselige Haltung gegenüber ausländischen Studenten im Allgemeinen untergräbt eine Quelle der Soft Power der USA. Außerdem schreckt sie eine Gruppe ab, die für die finanzielle Gesundheit der Universitäten von entscheidender Bedeutung ist und 2023 Exporte im Wert von 50 Milliarden US-Dollar generierte, was den siebtgrößten Dienstleistungssektor des Landes darstellt (wie Inbound-Tourismus zählen Ausgaben ausländischer Studenten in den USA als Export).[242]

Und das betrifft nicht nur Studenten. An Universitäten arbeiten einige der besten Wissenschaftler unserer Zeit, die wichtige Forschungsarbeiten durchführen, die auf öffentliche Unterstützung angewiesen sind. Laut dem National Center for Science and Engineering Statistics finanziert die Bundesregierung rund 40 Prozent der Grundlagenforschung in den USA, doch diese Gelder sind nun in Gefahr.[243]

Eine Einrichtung, die unter Beschuss geraten ist, sind die National Institutes of Health (NIH). Die Mittel der NIH sind keineswegs eine Verschwendung öffentlicher Gelder, sondern trugen zu 99 Prozent aller zwischen 2010 und 2019 zugelassenen Medikamente bei.[244] Ein Bericht von United for Medical Research ergab, dass jeder Dollar, der von den NIH für Forschung ausgegeben wurde, weitere 2,56 US-Dollar an wirtschaftlicher Aktivität generierte.[245] Wissenschaftler aus den USA und anderen Ländern haben jedoch das Gefühl, dass sie bei der Trump-Regierung weniger willkommen sind. Im ersten Quartal 2025 sank die Zahl der ausländischen Forscher, die sich für einen Aufenthalt in den USA bewarben, im Vergleich zum gleichen Zeitraum 2024 um ein Drittel, während die Bewerbungen von US-Wissenschaftlern für Stellen im Ausland um ein Viertel stiegen.[246]

Wie die National Science Foundation betont, hängt die globale Wettbewerbsfähigkeit der USA nicht nur von qualifizierten Arbeitskräften ab, sondern auch von Forschung und Entwicklung, die »wissenschaftliche und technologische Durchbrüche fördern und zur Entwicklung neuer und verbesserter Prozesse, Dienstleistungen und Produkte führen«.[247] In absoluten Zahlen geben die USA mehr für Forschung und Entwicklung sowie für Grundlagenforschung aus als jedes andere Land, aber China holt schnell auf. Im Jahr 2024 stiegen Chinas Ausgaben für Forschung und Entwicklung um 8,7 Prozent, während sie in den USA nur um 1,7 Prozent zunahmen.[248]

## Wir sind die Welt

Einige werden alle Argumente in diesem Buch als »globalistisch« abtun. Die offensichtliche Antwort darauf lautet: Wir alle leben auf diesem Planeten. Viele der größten Probleme, mit denen wir konfrontiert sind, sind globaler Natur, seien es Pandemien, Klimawandel, Umweltverschmutzung oder die Notwendigkeit, mit Menschen umzugehen, die vor unterdrückerischen Regimes über Grenzen fliehen. Solche Probleme erfordern neben vielen anderen eine internationale Antwort. Die Maßnahmen von Herrn Trump sind nicht nur eine schlechte Nachricht für die Amerikaner, sondern für Menschen auf der ganzen Welt, unabhängig davon, ob sie aufgrund der von ihm geschaffenen Unsicherheit ihren Arbeitsplatz verlieren, keinen Zugang mehr zu den von ihm gekürzten Auslandshilfen haben oder ihre Rechte in den autokratischen Staaten verlieren, die er verteidigt.

Die globale Natur der Wirtschaft ist in jeden Aspekt unseres Lebens eingewebt, ob wir nun Kaffee aus Kolumbien trinken, Fleisch aus Brasilien essen, Pullover aus australischer Schafwolle tragen, Autos mit Kraftstoff aus Saudi-Arabien fahren oder koreanische Fernsehserien auf einem Smartphone anschauen, das in Amerika entwickelt wurde, aber aus Metallen aus Chile hergestellt und in China zusammengebaut wurde. Dieses System ist über Jahrzehnte hinweg stetig gewachsen; es umzustürzen würde immense Umwälzungen und Kosten mit sich bringen. Die schlimmsten Auswirkungen von Trumps Politik sind noch nicht zu spüren, da die Unternehmen ihre Aktivitäten vor Inkrafttreten der Zölle vorgezogen haben. Aber wie Analysten der Citibank Ende Mai schrieben, könnte dies »die Ruhe vor dem Sturm« sein.[249]

Vielleicht lässt sich die ganze traurige Geschichte von Trumps fehlgeleiteter Politik am besten anhand des Briefes der US-Handelskammer, der Lobbygruppe für kleine Unternehmen, veranschaulichen, der in Kapitel 1 wiedergegeben ist. Der Brief beginnt mit den Worten, dass die Mitglieder seine »Bemühungen um bilaterale Abkommen mit anderen Nationen zu schätzen wissen«. Nach dieser

Schmeichelei wird erwähnt, dass kleine Unternehmen »ihre Existenzfähigkeit gefährdet sehen«, bevor sie um eine Ausnahme für kleinere Unternehmen von den Zöllen im Allgemeinen, für Waren, die nicht in den USA hergestellt werden können, im Besonderen und von allen Zöllen, die Arbeitsplätze in den USA gefährden könnten, bitten.[250]

Die Beschwerde erinnert an den Film *Das Leben des Brian* von Monty Python, in dem Reg (John Cleese) die Vorteile der römischen Herrschaft vehement zurückweist. Nach einer Reihe von sachlichen Einwürfen seiner Kollegen kommt er trotzig zu dem Schluss: »Abgesehen von der Hygiene, der Medizin, der Bildung, dem Wein, der öffentlichen Ordnung, der Bewässerung, den Straßen, dem Frischwassersystem und der öffentlichen Gesundheit, was haben die Römer jemals für uns getan?«

Man könnte die Botschaft dieses Buches im Stil von Monty Python zusammenfassen: »Abgesehen von gescheiterten Unternehmen, verlorenen Arbeitsplätzen, Warenengpässen, Einbußen beim Verbraucher- und Unternehmervertrauen, einer Schwächung der Beziehungen zu wichtigen Verbündeten und einem Rückgang des internationalen Ansehens der USA, hat Trump einen brillanten Plan.«

Nur wenige Menschen verfügen über Fachwissen in vielen Bereichen. Und nur wenige Menschen können weise regieren, wenn sie keine Berater haben, die bereit sind, ihre Ansichten zu hinterfragen. Der qualvolle Anblick von Kabinettsministern, die sich gegenseitig mit Lob für Trump überbieten, erinnert eher an eine billige Diktatur als an die mächtigste Demokratie der Welt. Kein Wunder, dass die Politik so chaotisch ist. Einige Amerikaner sehnen sich nach einer starken Führung, aber alles, was sie haben, ist die falsche Führung.

Der Dunning-Kruger-Effekt beschreibt die Tendenz von Menschen mit geringen Kompetenzen in einem bestimmten Bereich, ihre Fähigkeiten zu überschätzen. Trump hat keine Fachkenntnisse im internationalen Handel und weigert sich, auf Menschen zu hören, die solche Kenntnisse haben. Er hat sich in den 1980er-Jahren seine Meinung zum Handel gebildet, und da er glaubt, niemals falschliegen zu können, wird er sie jetzt nicht ändern. Er zerstört ein System, das er nicht versteht, und weiß nicht, wie er es ersetzen soll. Selbst wenn er seine Politik jetzt komplett aufgibt oder die Gerichte sie dauerhaft blockieren, wird der Moment, in dem er am 2. April unsinnige Zollsätze vorgestellt hat, künftigen Politikern als Lehre dienen, was sie *nicht* tun sollten.

Und wenn er seinen Kurs nicht deutlich ändert, wird die ganze Welt unter den negativen wirtschaftlichen Folgen von Trumps Angriff auf die Weltwirtschaft leiden.

# Anmerkungen

## Kapitel 1


1 Inga Fechner, Rico Luman, »Importing European cars into the US? Prepare for a price shock«, ING, 28. März 2025, https://think.ing.com/articles/importing-european-cars-into-the-us-prepare-for-a-price-shock

2 »Trump tells Walmart to ›eat the tariffs‹ instead of raising prices«, *City AM*, 17. Mai 2025, https://www.cityam.com/trump-tells-walmart-to-eat-the-tariffs-instead-of-raising-prices/

3 John Maynard Keynes, *The Economic Consequences of the Peace*, Erscheinungsjahr 1919, auf Deutsch erschienen unter dem Titel Krieg und Frieden: Die wirtschaftlichen Folgen des Vertrags von Versailles, Berlin: Berenberg Verlag 2014

4 https://www.samsung.com/us/aboutsamsung/sustainability/supply-chain/supplier-list/

5 https://ig.ft.com/us-iphone/

6 *Poverty, Prosperity, and Planet Report 2024: Pathways out of the Polycrisis* (Washington, DC: World Bank, 2024), https://www.worldbank.org/en/publication/poverty-prosperity-and-planet

7 Saloni Dattani et al., »Life expectancy«, Our World in Data (2023), https://ourworldindata.org/life-expectancy

8 x.com/MikeDrucker/status/1917640525915591090

9 https://fdra.org/wp-content/uploads/2025/04/April-29-Footwear-POTUS-Letter.pdf

10 Dorothy Neufeld, »Mapped: average tariff rates by country«, https://www.visualcapitalist.com/tariff-rates-by-country

11 Davide Furceri et al., »Are tariffs bad for growth? Yes, say five decades of data from 150 countries«, *Journal of Policy Modeling* 42:4 (2020), doi.org/10.1016/j.jpolmod.2020.03.009

12 Ian Smith et al., »US borrowing costs climb after Moody's downgrade«, *Financial Times*, 19. Mai 2025, https://www.ft.com/content/c1f34949–86fc-4e70–90c9–4e2e49ed2a29

13 https://assets.publishing.service.gov.uk/media/681d327d43d6699b3c1d2a9d/US_UK_EPD_050825_FINAL_rev_v2.pdf

14 Timothy Garton Ash, »Brace for disorder as the great power shifts begin«, *Financial Times*, 9. Mai 2025, https://www.ft.com/content/e45091ae-31c7–46b2–95bb-b8197655cd33

15 Antoine Gara et al., »How Wall Street got Donald Trump wrong«, *Financial Times*, 14. April 2025, https://www.ft.com/content/e0b28b01–3cdb-4c64-be28–93f51b4a21e6

16 Kevin Corinth, Stan Veuger, »President Trump's tariff formula makes no economic sense. It's also based on an error«, American Enterprise Institute, 4. April 2025, https://www.aei.org/economics/president-trumps-tariff-formula-makes-no-economic-sense-its-also-based-on-an-error/

17 Josie Ensor, »Trump used my research to calculate tariffs, but got it wrong«, *The Times*, 8. April 2025

18 Kevin Corinth, Stan Veuger, »President Trump's tariff formula makes no economic sense. It's also based on an error«, American Enterprise Institute, 4. April 2025, https://www.aei.org/economics/president-trumps-tariff-formula-makes-no-economic-sense-its-also-based-on-an-error/

19 Peter Fabricius, »Could Africa still be hard hit by Trump's tariff tantrum?«, Institute for Security Studies, 11. April 2025, https://issafrica.org/iss-today/could-africa-still-be-hard-hit-by-trump-s-tariff-tantrum

20 James Politi, »India and Brazil to be hit hardest under US reciprocal tariffs, says Capital Economics«, *Financial Times*, 13. Februar 2025, https://www.ft.com/content/bcc61d3b-bdc6–4f19-be1b-944e0be213c1#post-0fae69fe-8b74–456d-a1b9-f04358399846

21 Ben Blatt, Francesca Paris, Ethan Singer, »The hidden decisions behind Trump's tariff formula«, *The New York Times*, 4. April 2025, nytimes.com/interactive/2025/04/04/upshot/trump-tariffs-reciprocal.htm

22 Ottilie Mitchell, »US defends tariffs on remote island of penguins and seals«, BBC News, 7. April 2025, https://www.bbc.co.uk/news/articles/ce84jr5mvnno

23 Gabe Whisnant, Sonam Sheth, »Donald Trump personally decided his new tariff rates: report«, *Newsweek*, 4. April 2025, https://www.newsweek.com/donald-trump-personally-decided-his-new-tariff-rates-report-2055571

24 Paul Krugman, »Will malignant stupidity kill the world economy?«, Substack post, 3. April 2025, paulkrugman.substack.com/p/will-careless-stupidity-kill-the

25 Vgl. Corinth, Veuger.

26 David Smith, »Trump says ›I know what I'm doing‹ before stepping back from global tariffs«, *Guardian*, 9. April 2025, https://www.theguardian.com/us-news/2025/apr/09/trump-address-republicans-china-tariffs

27 Alison Durkee, »Will Trump negotiate tariffs? JD Vance says president wants to ›rebalance global trade‹ – but no deals reached yet«, *Forbes*, 22. April 2025, https://www.forbes.com/sites/alisondurkee/2025/04/22/will-trump-negotiate-tariffs-jd-vance-says-president-wants-to-rebalance-global-trade-but-no-deals-reached-yet/

28 Cecelia Smith-Schoenwalder, »Fact-checking Trump's fentanyl justification for tariffs on Canada, Mexico and China«, *U.S. News & World Report*, 4. April 2025, https://www.usnews.com/news/national-news/articles/2025–04–04/how-much-fentanyl-is-coming-from-canada-mexico-and-china-fact-checking-trumps-tariff-justification

29 Kate Dore, »Trump said ›there is a chance‹ tariff revenue could replace the income tax. Economists are skeptical«, CNBC, 22. April 2025, https://www.cnbc.com/2025/04/22/trump-tariffs-replace-income-tax.html

30 Caroline Valetkevitch, »S&P 500 loses $5 trillion in two days in Trump tariff selloff«, Reuters, 5. April 2025, https://www.reuters.com/markets/global-markets-wrapup-1–2025–04–04/

31 Kevin Breuninger, »Trump blames ›globalists‹ for stock market selloff«, CNBC, 6. März 2025, https://www.cnbc.com/2025/03/06/trump-blames-globalists-for-stock-market-sell-off.html

32 Rachel Barenblat, »Is ranting against globalism antisemitic?«, Forward, 24. Oktober 2018, https://forward.com/community/412627/globalism-anti-semitism/

33 https://fiscaldata.treasury.gov/interest-expense-avg-interest-rates/

34 https://fred.stlouisfed.org/series/DGS30

35 Arjun Neil Alim et al., »US Treasuries sell-off deepens as ›safe haven‹ status challenged«, *Financial Times*, 9. April 2025, https://www.ft.com/content/0005e091–930d-46ff-9e81–8591704a9282

36 Alexander Saeedy, Josh Dawsey, »Trump advisers took advantage of Navarro's absence to push for tariff pause«, *Wall Street Journal*, 18. April 2025, wsj.com/politics/policy/trump-tariff-pause-navarro-bessentlutnick-b9e864fb

37 Robert Armstrong, »Taco trade theory and the US market's surprise comeback«, *Financial Times*, 1. Mai 2025, https://www.ft.com/content/e81ae481-fbb6–47e7-bd6b-c7d76ca5ab69

38 Brett Samuels, »Trump responds to TACO trade criticisms: ›You call that chickening out?‹«, *The Hill*, 28. Mai 2025, https://thehill.com/business/5321877-trump-defends-trade-strategy-taco/

39 »Empire State manufacturing survey«, April 2025, https://www.newyorkfed.org/survey/empire/empiresurvey_overview

40 Ebd.

41 Robert Schoenberger, »Manufacturing business confidence plummets in April«, *IndustryWeek*, 17. April 2025, https://www.industryweek.com/the-economy/news/55283901/manufacturing-business-confidence-plummets-in-april

42 Alex Irwin-Hunt, »A trade crunch is coming for US ports«, *fDi Intelligence*, 7. Mai 2025, fdiintelligence.com/content/a890d306–5fec-4e44–9e3b-5b2e57622a0c

43 Sam Fleming, Claire Jones, »How the US trade war is infecting the global economy«, *Financial Times*, 25. April 2025, ft.com/content/14c336eb-e20a-40ae-a97f-6448590c0c49

44 Peter Foster et al., »Demand slump fuelled by Trump tariffs hits US ports and air freight«, *Financial Times*, 27. April 2025, ft.com/content/967a0c1a-6ae5–4d72-bd78-b7a8bdabccea

45 Terry Lane, »Shipping rates rise as exports from China surge«, Investopedia, 21. Mai 2025, investopedia.com/shipping-rates-rising-asvolumes-from-china-surge-on-tariffs-pause-11739120

46 »Don't blame imports for the fall in America's GDP«, *Economist*, 1. Mai 2025, economist.com/finance-and-economics/2025/05/01/dont-blame-imports-for-the-fall-in-americas-gdp

47 Fin Daniel Gómez, Richard Escobedo, »Walmart, Target CEOs privately warned Trump tariffs could lead to empty shelves soon«, CBS News, 23. April 2025, cbsnews.com/news/walmart-target-trump-tariff-supply-chains

48 »How Donald Trump might steal Christmas«, *Economist*, 24. April 2025, https://www.economist.com/business/2025/04/24/how-donald-trump-might-steal-christmas

49 Kana Inagaki, Claire Bushey, »GM pauses share buybacks over Trump tariff uncertainty«, *Financial Times*, 29. April 2025, https://www.ft.com/content/c7d93978–9048–4f72-b049–7b19124fcd94; Kana Inagaki, »General Motors to deploy ›Covid playbook‹ to offset $5bn tariff hit«, *Financial Times*, 1. Mai 2025, ft.com/content/5b8e9e5b-8f85–4f72–8fc4–3f93e03f09ae

50 Claire Bushey, »Ford expects $1.5bn profit hit from Trump tariffs«, *Financial Times*, 5. Mai 2025, https://www.ft.com/content/c0561a20–137b-49be-8eb4-d5aaaa8e5763

51 www.uschamber.com/assets/documents/Administration-Letter-on-Tariffs.pdf

52 https://www.conference-board.org/topics/consumer-confidence

53 Wells Fargo Research Team, »Consumer confidence: not optimistic, but less pessimistic«, FXStreet, 27. Mai 2025, https://www.fxstreet.com/analysis/consumer-confidence-not-optimistic-but-less-pessimistic-202505271547

54 »Press briefing transcript: World Economic Outlook, spring meetings 2025«, IMF, 22. April 2025, https://www.imf.org/en/News/Articles/2025/04/22/tr-04222025-weo-press-briefing

55 Anm. d. Üs.: Film *When a Stranger Calls* (1979)

## Kapitel 2

56 »Scientists discover evidence of early human innovation, pushing back evolutionary timeline«, Smithsonian Institute, 15. März 2018, si.edu/newsdesk/releases/scientists-discover-evidence-early-human-innovation-pushing-back-evolutionary-timeline

57 Christopher Edens, »Dynamics of trade in the ancient Mesopotamian ›world system‹«, *American Anthropologist* 92:1 (März 1992), knowledgebasedsociety.com/wp-content/uploads/2021/12/680040.pdf

58 https://featured.undp.org/multidimensional-poverty

59 »Evolution of trade under the WTO: handy statistics«, WTO, https://www.wto.org/english/res_e/statis_e/trade_evolution_e/evolution_trade_wto_e.htm

60 Douglas Irwin, »Does trade reform promote economic growth? A review of recent evidence«, World Bank Research Observer (2024), sites.dartmouth.edu/dirwin/files/2024/06/Irwin-WBRO-2024.pdf

61 »The contentious U.S.–China trade relationship«, Council on Foreign Relations, 14. April 2025, https://www.cfr.org/backgrounder/contentious-us-china-trade-relationship

62 Joe Leahy et al., »How China's record trade surplus helped spark Trump's tariff war«, *Financial Times*, 9. April 2025, https://ig.ft.com/china-trade-surplus/

63 Kwan S. Kim, »The Korean Miracle (1962–1980) revisited: myths and realities in strategy and development«, Kellogg Institute (November 1991), doi.org/10.7274/26126665.v1

64 Ana Maria Santacreu, Heting Zhu, »How did South Korea's economy develop so quickly?«, Federal Reserve Bank of St Louis blog, 20. März 2018, https://www.stlouisfed.org/on-the-economy/2018/march/how-south-korea-economy-develop-quickly

65 https://www.worldbank.org/en/country/vietnam/overview

66 The dynamics of FDI into the US, private research note vom 22. Mai 2025

67 »The federal budget in fiscal year 2024: an infographic«, Congressional Budget, 2 Office, 20. März 2025, https://www.cbo.gov/publication/61181

68 https://budgetmodel.wharton.upenn.edu/issues/2025/5/19/house-reconciliation-bill-budget-economic-and-distributional-effects-may-19–2025

69 Martin Wolf, »The old global economic order is dead«, *Financial Times*, 6. Mai 2025, https://www.ft.com/content/49e38ee8-f37e-47da-8ee4–1631175d2224

70 Ana Swanson, »›Totally silly.‹ Trump's focus on trade deficit bewilders economists«, *The New York Times*, 9. April 2025, https://www.nytimes.com/2025/04/09/business/economy/trump-trade-deficit-tariffs-economist-doubts.html

## Kapitel 3

71 Philip Coggan, »A world of robber barons«, *Economist*, 20. Februar 2014, https://www.economist.com/special-report/2014/02/20/a-world-of-robber-barons

72 William Bernstein, *A Splendid Exchange: How Trade Shaped the World*

73 Ebd.

74 James Mitchener, Kirsten Wandschneider, Kevin Hjortshøj O'Rourke, »The Smoot–Hawley trade war«, Cato Institute, 3. November 2021, https://www.cato.org/research-briefs-economic-policy/smoot-hawley-trade-war

75 Bernstein, op. cit.

76 Chad P. Bown, Douglas A. Irwin, »The GATT's starting point: tariff levels circa 1947«, National Bureau of Economic Research, Working Paper 21782 (Dezember 2015), doi.org/10.3386/w21782

77 Monia Snoussi-Mimouni, Edvinas Drevinskas, »Tariffs applied by WTO members have almost halved since 1996«, 13. April 2023, wto.org/english/blogs_e/data_blog_e/blog_dta_13apr23_e.htm

78 Jim Tankersley, Mark Landler, »Trump's love for tariffs began in Japan's '80s boom«, *The New York Times*, 15. Mai 2019, https://www.nytimes.com/2019/05/15/us/politics/china-trade-donald-trump.html

79 Alonso de Gortari, »Reassessing value-added cross-border supply chains«, Federal Reserve Bank of Dallas, dallasfed.org/research/pubs/usmca/degortari

80 Galina Hale et al., »How much do we spend on imports?«, Federal Reserve Bank of San Francisco, 7. Januar 2019, https://www.frbsf.org/research-and-insights/publications/economic-letter/2019/01/how-much-do-we-spend-on-imports/

81 https://fdra.org/wp-content/uploads/2025/04/April-29-Footwear-POTUS-Letter.pdf

82 »What an Iowa farmer fears about the trade war«, *The Daily* podcast, *The New York Times*, 24. April 2025, https://www.nytimes.com/2025/04/24/podcasts/the-daily/iowa-farmer-trade-war.html

83 Lauren Aratani, David Smith, »Trump announces sweeping new tariffs, upending decades of US trade policy«, *Guardian*, 2. April 2025, https://www.theguardian.com/us-news/2025/apr/02/trump-new-tariffs-liberation-day

84 »Average tariff rates, global, 1988 to 2015«, Our World in Data, https://ourworldindata.org/grapher/average-tariff-rates-per-cent-19882016

85 Dorothy Neufeld, »Mapped: average tariff rates by country«, Visual Capitalist, 3. April 2025, https://www.visualcapitalist.com/tariff-rates-by-country/

86 Sebastian Edwards, »The U.S. current account deficit: gradual correction or abrupt adjustment?«, *Journal of Policy Modeling* 28:6 (2006), S. 629–43, doi.org/10.1016/j.jpolmod.2006.06.012

87 https://www.*macrotrends*.net/global-metrics/countries/wld/world/tariff-rates; data.worldbank.org/indicator/BN.CAB.XOKA.GD.ZS?locations=US

88 Davide Furceri et al., »The macroeconomy after tariffs«, World Bank Economic Review (2021), hdl.handle.net/10986/40906

89 Davide Furceri et al., »Are tariffs bad for growth? Yes, say five decades of data from 150 countries«, *Journal of Policy Modeling* 42:4 (2020), S. 850–9, doi.org/10.1016/j.jpolmod.2020.03.009

90 »State of U.S. tariffs: April 15, 2025«, The Budget Lab, 15. April 2025, https://budgetlab.yale.edu/research/state-us-tariffs-april-15–2025

91 Benn Steil, Elisabeth Harding, »Where will Trump's tariff revenues go? His first term provides a big clue«, Council on Foreign Relations, 3. Februar 2025, https://www.cfr.org/blog/where-will-trumps-tariff-revenues-go-his-first-term-provides-big-clue

92 David Autor et al., »Help for the heartland? The employment and electoral effects of the Trump tariffs in the United States«, National Bureau of Economic Research, Working Paper 32082 (Januar 2024), doi.org/10.3386/w32082

93 Ed Conway, »Tariffs have a long history in the US – two charts tell that story«, *Sky News*, 22. Januar 2025, https://news.sky.com/story/tariffs-have-a-long-history-inIthe-us-two-charts-tell-that-story-13294364

94 https://fiscaldata.treasury.gov/americas-finance-guide/government-revenue/

95 »Tracking the Trump tariffs«, Tax Policy Center, 12. Mai 2025, https://taxpolicycenter.org/features/2025-tax-cuts-tracker

96 https://www.bea.gov/news/2025/us-international-trade-goods-and-services-december-and-annual-2024

97 https://ustr.gov/countries-regions/china-mongolia-taiwan/peoples-republic-china

98 S. V. Date, »Company boasts spending up to $20 million on Trump crypto coin to buy influence«, MSN, 3. Mai 2025, https://www.msn.com/en-us/money/markets/company-boasts-spending-up-to-20-million-on-trump-crypto-coin-to-buy-influence/ar-AA1E4Y1D

99 Philip Stafford, Will Schmitt, »Donald Trump's memecoin surges as holders compete for private dinner with US president«, *Financial Times*, 23. April 2025, https://www.ft.com/content/a7021fe9–9dea-4429–83ab-887913bc9b6e

100 Brian Beers, »The Whitewater scandal: what you should know«, Investopedia, 29. November 2024, https://www.investopedia.com/ask/answers/08/whitewater-scandal.asp

101 Oliver Hawkins, Eade Hemingway, Nikou Asgari, »Donald Trump's crypto project netted $350 mn from presidential memecoin«, *Financial Times*, 7. März 2025, ft.com/content/cb1def8f-53a6–478e-9b3e-33c383b29629

102 https://www.theguardian.com/us-news/video/2025/apr/09/they-are-kissing-my-ass-trump-says-countries-are-pleading-to-negotiate-tariffs-video

103 https://constitutioncenter.org/the-constitution/articles/article-i#article-section-8

104 Samuel Estreicher, Andrew Babbitt, »Are tariffs an emergency power?«, Lawfare, 3. April 2025, https://www.lawfaremedia.org/article/are-tariffs-an-emergency-power

105 https://www.bea.gov/news/2025/gross-domestic-product-4th-quarter-and-year-2024-third-estimate-gdp-industry-and

106 Daniel Harari, »GDP international comparisons: economic indicators«, House of Commons Library, 3. Juni 2025, https://commonslibrary.parliament.uk/research-briefings/sn02784/

107 https://www.usinflationcalculator.com/inflation/current-inflation-rates

108 https://fred.stlouisfed.org/series/UNRATE

109 Simon Rabinovitch, Henry Curr, »The American economy has left other rich countries in the dust«, *Economist*, 14. Oktober 2024, https://www.economist.com/special-report/2024/10/14/the-american-economy-has-left-other-rich-countries-in-the-dust

110 Maria Solovieva, Andrew Foran, »The non-starter playbook of the Mar-a-Lago Accord«, TD Economics, 1. Mai 2025, https://economics.td.com/us-mar-a-lago-accord

111 Sandra Sequeira, »Corruption, trade costs, and gains from tariff liberalization: evidence from southern Africa«, *American Economic Review* 106:10 (2016), S. 3029–6, doi.org/10.1257/aer.20150313

112 Juan Carlos Hallak, Eduardo Levy Yeyati, »Failed protectionism: what Latin America can teach us«, *Americas Quarterly*, 14. April 2025, americasquarterly.org/article/failed-protectionism-what-latin-america-can-teach-us/

## Kapitel 4

113 Felix Richter, »Can Trump turn back the clock on U.S. manufacturing?«, Statista, 16. April 2025, statista.com/chart/34316/share-ofmanufacturing-jobs-in-us-employment/

114 Ebd.

115 David H. Autor, David Dorn, Gordon H. Hanson, »The China shock: learning from labor market adjustment to large changes in trade«, National Bureau of Economic Research, Working Paper 21906 (Januar 2016), doi.org/10.3386/w21906

116 https://data.worldbank.org/indicator/NE.IMP.GNFS.ZS?end=2023&locations=US-FR-DE-GB-KR-CN&start=1970&utm

117 Paul Krugman, »A note on trade deficits and manufacturing«, Substack post, 1. April 2025, https://paulkrugman.substack.com/p/a-note-on-trade-deficits-and-manufacturing

118 Dirk Pilat et al., »The changing nature of manufacturing in OECD economies«, OECD Science, Technology and Industry, Working Paper 2006/9 (Oktober 2006), doi.org/10.1787/308452426871

119 David Autor et al., »Help for the heartland? The employment and electoral effects of the Trump tariffs in the United States«, National Bureau of Economic Research, Working Paper 32082 (Januar 2024), doi.org/10.3386/w32082

120 Aaron Flaaen, Justin Pierce, »Disentangling the effects of the 2018–2019 tariffs on a globally connected U.S. manufacturing sector«, Finance and Economics Discussion Series 2019–086 (Washington, DC: Board of Governors of the Federal Reserve System, 2019), doi.org/10.17016/FEDS. 2019.086

121 Tiago Cavalcanti, Pedro Molina Ogeda, Emanuel Ornelas, »The US–China trade war creates jobs (elsewhere)«, CESifo, Working Paper 11839 (April 2025), ifo.de/sites/default/files/docbase/docs/cesifo1_wp11839.pdf

122 https://fred.stlouisfed.org/series/OUTMS

123 »Fast-forward – comparing a 1980s supercomputer to the modern smartphone«, Adobe blog, 8. November 2022, blog.adobe.com/en/publish/2022/11/08/fast-forward-comparing-1980s-supercomputer-tomodern-smartphon

124 Michael J. Hicks, Srikant Devaraj, »The myth and the reality of manufacturing in America«, Center for Business and Economic Research, Ball State University (2015), nist.gov/system/files/documents/mep/data/MfgReality-1.pdf

125 Tej Parikh, »Nostalgia for manufacturing will make the US poorer«, *Financial Times*, 13. April 2025, https://www.ft.com/content/845917ed-41a5–449f-946f-70263adbaeb7

126 Ricardo Marto, »What to know about the rise of services«, *Economic Synopses 6*, Federal Reserve Bank of St Louis (2024), doi.org/10.20955/es.2024.6

127 »Did international trade really kill American manufacturing?«, *Economist*, 25. April 2025, economist.com/graphic-detail/2025/04/25/did-international-trade-really-kill-american-manufacturing

128 B. Joseph Pine II, James H. Gilmore, »Welcome to the experience economy«, *Harvard Business Review* (Juli–August 1998), hbr.org/1998/07/welcome-to-the-experience-economy

129 Anm. d. Üs.: Verträge ohne feste Anzahl von Arbeitsstunden. Arbeitnehmer arbeiten auf Abruf und erhalten entsprechend ihrer tatsächlich geleisteten Arbeitszeit eine Vergütung.

130 David Deming, Christopher Ong, Lawrence H. Summers, »Technological disruption in the US labor market«, in: Melissa S. Kearney, Luke Pardue (Eds.), *Strengthening America's Economic Dynamism* (Washington, DC: Aspen Institute, 2024), economicstrategygroup.org/wp-content/uploads/2024/10/Deming-Ong-Summers-AESG-2024.pdf

131 Anne C. Case, Angus Deaton, »Broken down by work and sex: how our health declines«, National Bureau of Economic Research, Working Paper 9821 (Juli 2003), doi.org/10.3386/w9821

132 Jacob Pedersen et al., »High physical work demands and working life expectancy in Denmark«, *Occupational and Environmental Medicine* 77:8 (2020), S. 567–82

133 Eric Weiner, »Time warp: the GM strike, then and now«, NPR, 26. September 2007, npr.org/2007/09/26/14720112/time-warp-the-gmstrike-then-and-now

134 »Victory of the auto workers«, *America*, 28. November 1970, americamagazine.org/issue/100/victory-auto-workers

135 »Detroit: past and future of a shrinking city«, Economy League, economyleague.org/resources/detroit-past-and-future-shrinking-city

136 Jaelyn Campbell, »Auto jobs are surging in notoriously anti-union South – can the UAW find a foothold?«, CBT News, 21. September 2023, cbtnews.com/the-anti-union-south-has-a-growing-demand-for-ev-jobsuaw-is-concerned/

137 Paul Krugman, »Democrats shouldn't support tariffs«, Substack post, 14. April 2025, https://paulkrugman.substack.com/p/democrats-shouldnt-support-tariffs

138 Steven Greenhouse, »America's labor unions are souring on Trump«, *Slate*, 5. Mai 2025, slate.com/news-and-politics/2025/05/unions-donaldtrump-2026-election-kilmar-abrego-garcia.html

139 www.bls.gov/news.release/pdf/union2.pdf

140 Ellen Dewitt, »The most unionized states in America, ranked«, *Newsweek*, 5. September 2021, newsweek.com/most-unionized-statesamerica-ranked-1625958

141 www.bls.gov/news.release/pdf/union2.pdf

142 »Why Trump can't build iPhones in the US«, *Financial Times*, 28. April 2025, ig.ft.com/us-iphone/

143 »The trouble with MAGA's manufacturing dream«, *Economist*, 28. April 2025, economist.com/business/2025/04/28/the-trouble-with-magasmanufacturing-dream

144 Lauren Weber, »Can Trump's tariff offensive deliver new American jobs?«, *Wall Street Journal*, 11. April 2025, wsj.com/economy/trumptariffs-manufacturing-jobs-impact

145 Michael Acton, John Reed, »Apple turns to India to help ease Trump's China tariffs«, *Financial Times,* 9. April 2025, ft.com/content/5c4b2bc9-f0ac-46f3-a93b-cfa6273428f9

146 Dan Milmo, »Apple ›aims to source all US iPhones from India‹, reducing reliance on China«, *Guardian*, 25. April 2025, theguardian.com/technology/2025/apr/25/apple-source-us-iphones-india-china-trumptrade-war

147 Austan Goolsbee, Chad Syverson, »The strange and awful path of productivity in the U.S. construction sector«, National Bureau of Economic Research, Working Paper 30845 (Februar 2023), doi.org/10.3386/w30845

148 John Keilman, »Why making an all-American product is so hard«, *Wall Street Journal*, 28. April 2025, wsj.com/business/made-in-americaproducts-supply-chain-tariffs-06c83cea

149 Ebd.

150 Jason Miller, »Labor shortages remain an ongoing concern in many parts of U.S. manufacturing«, *Supply Chain Management Review*, 13. Januar 2025, scmr.com/article/labor-shortages-remain-an-ongoingconcern-in-many-parts-of-u.s-manufacturing

151 Tej Parikh, »Nostalgia for manufacturing will make the US poorer«, *Financial Times*, 13. April 2025, ft.com/content/845917ed-41a5–449f-946f-70263adbaeb7

152 Elior Cohen, »Rising immigration has helped cool an overheated labor market«, Federal Reserve Bank of Kansas City, 22. Mai 2024, kansascityfed.org/research/economic-bulletin/rising-immigration-hashelped-cool-an-overheated-labor-market/

153 https://fred.stlouisfed.org/series/PAYEMS

154 Michael A. Clemens, »Skilled immigration on the chopping block? Effects of eliminating ›Optional Practical Training‹ in the US«, Peterson Institute for International Economics, 8. April 2025, piie.com/blogs/realtime-economics/2025/skilled-immigration-chopping-blockeffects-eliminating-optional

155 John Coykendall et al., »Taking charge: manufacturers support growth with active workforce strategies«, Deloitte, 3. April 2024, deloitte.com/us/en/insights/industry/manufacturing/supporting-usmanufacturing-growth-amid-workforce-challenges.html

156 Ebd.

157 Parikh, op. cit.

158 »Surveys: special questions«, Federal Reserve Bank of Dallas, 28. April 2025, dallasfed.org/research/surveys/tbos/2025/2504q

159 https://fred.stlouisfed.org/series/MANEMP

160 Ebd.

161 Alan Rappeport, »Trump win shows political limits of Biden's industrial policy vision«, *The New York Times*, 8. November 2024, nytimes.com/2024/11/08/us/politics/trump-biden-economy-manufacturing.html

162 »America's bet on industrial policy starts to pay off for semiconductors«, *Economist*, 9. Januar 2025, economist.com/united-states/2025/01/09/americas-bet-on-industrial-policy-starts-to-pay-off-for-semiconductors

163 Coykendall et al., op. cit.

164 Paul Gerke, »Trump's proposed budget cancels billions of dollars in infrastructure investments, environmental programs, research grants, and renewable energy projects«, Factor This, 2. Mai 2025, renewableenergyworld.com/energy-business/policy-and-regulation/trumps-proposed-budgetcancels-billions-of-dollars-in-infrastructureinvestments-environmental-programs-research-grants-and-renewableenergy-projects/

165 Hannah Ritchie, »Solar panel prices have fallen by around 20 % every time global capacity doubled«, Our World in Data, 13. Juni 2024, ourworldindata.org/data-insights/solar-panel-prices-have-fallen-byaround-20-every-time-global-capacity-doubled

166 David Pierson, Berry Wang, »DeepSeek is a win for China in the A.I. race. Will the party stifle it?«, *The New York Times*, 2. Februar 2025, https://www.nytimes.com/2025/02/02/world/asia/deepseek-china-ai-censorship.html

167 Rogier Creemers, Louise Marie Hurel, »Limits of economic deterrence in the US–China tech competition«, RUSI, 14. März 2025, rusi.org/explore-our-research/publications/commentary/limitseconomic-deterrence-us-china-tech-competition

168 Tsvetana Paraskova, »Harold Hamm: ›Drill, baby, drill‹ needs $80 oil«, Oilprice.com, 17. März 2025, oilprice.com/Energy/Crude-Oil/Harold-Hamm-Drill-Baby-Drill-Needs-80-Oil.htm

169 »Saudi oil production cost up 11 % in 2024«, Zawya, 19. März 2025, zawya.com/en/projects/oil-and-gas/saudi-oil-production-cost-up-11-in-2024-bileicwc

## Kapitel 5

170 Lauren Aratani, David Smith, »Trump announces sweeping new tariffs, upending decades of US trade policy«, *Guardian*, 2. April 2025, theguardian.com/us-news/2025/apr/02/trump-new-tariffs-liberationday

171 Megan Brenan, »Most Americans skeptical about benefits of tariffs«, Gallup, 28. April 2025, news.gallup.com/poll/660002/americansskeptical-benefits-tariffs.aspx

172 Melissa Repko, »Walmart CFO says price hikes from tariffs could start later this month, as retailer beats on earnings«, CNBC, 15. Mai 2025, cnbc.com/2025/05/15/walmart-wmt-q1–2026-earnings.html

173 Sarina Triangle, »Walmart is raising prices. What will its competitors do?«, Investopedia, 20. Mai 2025, investopedia.com/walmart-is-raisingprices-what-will-its-competitors-do-tariffs-margins-trump-11738732

174 »State of U.S. tariffs: May 12, 2025«, The Budget Lab, 12. Mai 2025, budgetlab.yale.edu/research/state-us-tariffs-may-12–2025

175 Sam Joiner et al., »The Chinese goods most Americans rely on, from microwaves to Barbies«, *Financial Times*, 12. April 2025, ft.com/content/ec96e2ed-5dd6–4c6b-92a0–1b77bf517b36

176 »State of U.S. tariffs: May 12, 2025«, op. cit.

177 Erica York, Alex Durante, »Trump tariffs: tracking the economic impact of the Trump trade war«, Tax Foundation, 2. Juni 2025, taxfoundation.org/research/all/federal/trump-tariffs-trade-war/

178 Amna Nawaz, Azhar Merchant, »Utility assistance frozen after Trump administration fires program's staff«, PBS News, 24. April 2025, pbs.org/newshour/show/utility-assistance-frozen-after-trumpadministration-fires-programs-staff

179 Catie Edmondson, »Trump's budget flops with some powerful Republican lawmakers«, *The New York Times*, 2. Mai 2025, nytimes.com/2025/05/02/us/politics/trump-budget-congress-republicans.html

180 Jessica Hall, »The current Republican tax bill could cut $500 billion from Medicare – ›This bill just gets more and more cruel‹«, MarketWatch, 21. Mai 2025, marketwatch.com/story/the-current-republican-tax-billcould-cut-500-billion-from-medicare-this-bill-just-gets-more-and-morecruel-0af411b1

181 »Extending provisions of the Tax Cuts and Jobs Act«, Tax Policy Center, 27. März 2025, taxpolicycenter.org/tax-model-analysis/extendingprovisions-tax-cuts-and-jobs-act

182 Brendan Duke, »How House Republican agenda boosts the wealthy, does little (or worse) for low-income families«, Center on Budget and Policy Priorities, 14. Mai 2025, cbpp.org/blog/how-house-republicanagenda-boosts-the-wealthy-does-little-or-worse-for-low-income-families

183 Nathaniel Weixel, »CBO: GOP Medicaid plan would make 7.6 million people uninsured«, *The Hill*, 13. Mai 2025, thehill.com/policy/healthcare/5298593-cbo-gop-medicaid-plan-would-make-7–6-millionpeople-uninsured/

184 Emma Janssen, »Republicans outdo themselves in food stamp cuts«, The American Prospect, 15. Mai 2025, prospect.org/health/2025–05–15-republicans-outdo-themselves-food-stamp-cuts/

185 *OECD, Society at a Glance 2024: OECD Social Indicators* (Paris: OECD Publishing, 2024), doi.org/10.1787/918d8db3-en

186 Ebd.

187 Marcus Lu, »Where unemployment benefits are the highest, in OECD countries«, Visual Capitalist, 17. Juni 2024, visualcapitalist.com/unemployment-benefits-in-oecd-countries/

188 »Countries with paid sick leave 2025«, World Population Review, worldpopulationreview.com/country-rankings/countries-with-paidsick-leave

189 https://data.worldbank.org/indicator/SL.UEM.TOTL.ZS

190 »Manufacturing jobs as a share of total employment, 2023«, Our World in Data, ourworldindata.org/grapher/manufacturing-share-of-totalemployment

191 »Which countries have the best, and worst, living standards?«, *Economist*, 6. Mai 2025, economist.com/graphic-detail/2025/05/06/which-countries-have-the-best-and-worst-living-standards

192 https://x.com/LettieriDC/status/1920131600487944348

193 Noah Smith, »So why *did* U.S. wages stagnate for 20 years?«, Substack post, 18. Mai 2025, noahpinion.blog/p/so-why-did-us-wages-stagnatefor

194 Ebd.

195 https://www.fiscal.treasury.gov/reports-statements/financial-report/2019/government-financial-position-and-condition.html

196 https://fred.stlouisfed.org/series/FYFRGDA188S

197 Emily Horton, »The legacy of the 2001 and 2003 ›Bush‹ tax cuts«, Center on Budget and Policy Priorities, 23. Oktober 2017, cbpp.org/research/the-legacy-of-the-2001-and-2003-bush-tax-cuts

198 Hiranmayi Srinivasan, »U.S. national debt by year«, Investopedia, 25. Mai 2025, investopedia.com/us-national-debt-by-year-7499291

199 https://www.usdebtclock.org/index.html

200 https://fred.stlouisfed.org/series/GFDEGDQ188S

201 »The federal government has borrowed trillions. Who owns all that debt?«, Peter G. Peterson Foundation, 13. Mai 2025, pgpf.org/article/the-federal-government-has-borrowed-trillions-but-who-owns-all-thatdebt/

202 Dell Cameron, Dhruv Mehrotra, »CFPB quietly kills rule to shield Americans from data brokers«, *Wired*, 14. Mai 2025, wired.com/story/cfpb-quietly-kills-rule-to-shield-americans-from-data-brokers/

203 Dan Ennis, »Trump signs resolution to nix CFPB overdraft rule«, Banking Dive, 12. Mai 2025, bankingdive.com/news/trump-signoverturn-cfpb-overdraft-cap-rule-scott-hill-aba-lawsuit-5-dollars/747727

204 Stephanie Dhue, »What dramatic cuts at the Consumer Financial Protection Bureau could mean for consumers«, CNBC, 29. April 2025, nbcnewyork.com/news/business/money-report/what-dramatic-cutsat-the-consumer-financial-protection-bureau-could-mean-forconsumers/6242600/

205 Julia Jacobo, »Trump's policies could impact the environment long after he leaves office, some experts say«, *ABC News*, 19. Mai 2025, https://abcnews.go.com/US/trumps-policies-impact-environment-long-after-leaves-office/story?id=121749744

206 Richard G. Frank, Sherry Glied, »The Trump administration's NIH and FDA cuts will negatively impact patients«, Brookings, 14. Mai 2025, brookings.edu/articles/the-trump-administrations-nih-and-fda-cutswill-negatively-impact-patients/

207 Alexander Tin, »FDA making plans to end its routine food safety inspections, sources say«, CBS News, 18. April 2025, cbsnews.com/news/fda-food-safety-inspections-plans/

## Kapitel 6

208 Greg Iacurci, »After UK and China trade deals, tariff rate still highest since 1934, Yale report says«, CNBC, 12. Mai 2025, cnbc.com/2025/05/12/after-uk-china-trade-deals-tariff-rate-still-highestsince-1934-yale.html

209 Pierre-Olivier Gourinchas, »The global economy enters a new era«, IMF blog, 22. April 2025, imf.org/en/Blogs/Articles/2025/04/22/theglobal-economy-enters-a-new-era

210 Paul Krugman, »Tariffs: now what?«, Substack post, 17. Mai 2025, paulkrugman.substack.com/p/tariffs-now-what

211 Eric Lipton, Eric Schmitt, »U.S. formally accepts luxury jet from Qatar for Trump«, *The New York Times*, 21. Mai 2025, nytimes.com/2025/05/21/us/politics/qatar-plane-trump-air-force-one.html

212 Mireya Solís, »Trump withdrawing from the Trans-Pacific Partnership«, Brookings, 24. März 2017, brookings.edu/articles/trump-withdrawingfrom-the-trans-pacific-partnership/

213 Hank Berrien, »›They're playing with a pair of twos‹: Treasury's Bessent warns China on escalating tariffs«, Daily Wire, 8. April 2025, dailywire.com/news/theyre-playing-with-a-pair-of-twos-treasurysbessent-warns-china-on-escalating-tariffs

214 Adam S. Posen, »Trade wars are easy to lose«, Foreign Affairs, 9. April 2025, foreignaffairs.com/united-states/tariffs-trade-wars-are-easy-lose

215 Tim Ross, Nette Nöstlinger, »Germany›s Merz vows 'independence‹ from Trump's America, warning NATO may soon be dead«, *Politico*, 23. Februar 2025, politico.eu/article/friedrich-merzgermany-election-united-states-donald-trump-nato/

216 »From Greenland to the Gulf of Mexico, Trump makes bold threats in Mar-a-Lago news conference«, Associated Press, 7. Januar 2025, newsroom.ap.org/editorial-photos-videos/detail?itemid=2d97618cdf414b89b578dd336c0144cd

217 Kelvin Chan, »Tesla's monthly sales in Europe plunge by half, signaling backlash against Musk runs deep«, Associated Press, 27. Mai 2025, apnews.com/article/tesla-elon-musk-europe-8501d6a8370b6a22c6bec7e52de7d50c

218 Talyta França, Alessio Dell'Anna, Mert Can Yilmaz, »Tourism boycott? Europe travel to US drops in wake of Trump presidency«, Euronews, 22. April 2025, euronews.com/my-europe/2025/04/22/tourism-boycott-europe-travel-to-us-drops-in-wake-of-trumppresidency

219 Marina Dunbar, »Flight bookings between Canada and US down 70 % amid Trump tariff war«, *Guardian*, 27. März 2025, theguardian.com/world/2025/mar/27/canada-us-flights-down-trump

220 Natalie Wilson, »Is it safe to travel to the USA? Travel advice after tourists detained in visa crackdown«, *Independent*, 28. April 2025, independent.co.uk/travel/news-and-advice/usa-travel-advice-visaice-b2737431.html

221 Jenny Kleeman, »›I was a British tourist trying to leave the US. Then I was detained, shackled and sent to an immigration detention centre‹«, *Guardian*, 5. April 2025, theguardian.com/us-news/2025/apr/05/i-was-a-british-tourist-trying-to-leave-america-then-i-wasdetained-shackled-and-sent-to-an-immigration-detention-centre

222 Samuel Osborne, »Scientist ›denied entry to US‹ after messages critical of Trump found on his phone«, *Sky News*, 20. März 2025, news.sky.com/story/scientist-denied-entry-to-us-after-messages-critical-oftrump-found-on-his-phone-13332518

223 Peter Charalambous, »Trump administration says it sent 4 alleged migrant gang members to El Salvador despite court order«, *ABC News*, 24. April 2025, abcnews.go.com/US/trump-administration-4-allegedmigrant-gang-members-el/story?id=121121717

224 Guy Chazan, »How Donald Trump has turned diplomacy into a combat sport«, *Financial Times*, 22. Mai 2025, ft.com/content/f9f6a8f0–73b0–48d7–9472–6dcbd2fdfcd1

225 Sam Fleming, Claire Jones, »How the US trade war is infecting the global economy«, *Financial Times*, 25. April 2025, https://www.ft.com/content/14c336eb-e20a-40ae-a97f-6448590c0c49

226 Jaron Schneider, »Japan can't get an answer on what the US wants from a trade deal: report«, PetaPixel, 21. April 2025, petapixel.com/2025/04/21/japan-cant-get-an-answer-on-what-the-us-wantsfrom-a-trade-deal-report

227 Kareem Rifai, »Why Japan is worried after trade talks with Trump (and the rest of the world should be)«, *The Diplomat*, 25. April 2025, thediplomat.com/2025/04/why-japan-is-worried-after-trade-talks-withtrump-and-the-rest-of-the-world-should-be/

228 »Trump heralds ›wonderful new trade deal‹ to replace Nafta after Canada talks«, *Guardian*, 1. Oktober 2018, theguardian.com/usnews/2018/sep/30/nafta-talks-trump-canada-mexico-sunday-deadline

229 https://assets.publishing.service.gov.uk/media/681d327d43d6699b3c1d2a9d/US_UK_EPD_050825_FINAL_rev_v2.pdf

230 Alan Beattie, »Britain's trade deal with Trump may not be good news for the world«, *Financial Times*, 8. Mai 2025, ft.com/content/7e92d393-c08d-4be5-b349–403de6b70f bf

231 The Safe Haven Question, privately-distributed research note, 27. April 2025

232 https://www.msci.com/indexes/group/developed-markets-indexes

233 https://www.sifma.org/resources/research/statistics/us-repo-statistics/

234 The Safe Haven Question, privately-distributed research note, 27. April 2025

235 Kate Duguid et al., »Top Trump adviser struggles to soothe investors in talks after market tumult«, *Financial Times*, 29. April 2025, ft.com/content/a815323b-ae2b-4586-aec2–39dec35726f0

236 Yun Li, »Citadel‹s Ken Griffin warns Trump about tarnishing the 'brand‹ of U.S. Treasurys«, CNBC, 23. April 2025, cnbc.com/2025/04/23/citadels-ken-griffin-warns-trump-about-tarnishingthe-brand-of-us-treasurys.html

237 Kate Duguid et al., »Foreign tax provision in Trump budget bill spooks Wall Street«, *Financial Times*, 29. Mai 2025, ft.com/content/b400009a-9a0e-4ee0-b6ed-2a25c2de0d8f

238 Philip Luck, »Understanding the temporary de-escalation of the U.S.– China trade war«, Center for Strategic and International Studies, 13. Mai 2025, csis.org/analysis/understanding-temporary-de-escalation-uschina-trade-war

239 Dorothy Neufeld, »Charted: growth in U.S. real wages, by income group (1979–2023)«, Visual Capitalist, 7. August 2024, visualcapitalist.com/growth-in-real-wages-over-time-by-income-group-usa-1979–2023/

240 https://www.bls.gov/emp/tables/civilian-labor-force-summary.htm

241 »World University Rankings 2025«, *Times Higher Education*, timeshighereducation.com/world-university-rankings/latest/worldranking

242 https://www.trade.gov/education-service-exports

243 »Analysis of federal funding for research and development in 2022: basic research«, National Center for Science and Engineering Statistics, 15. August 2024, ncses.nsf.gov/pubs/nsf24332

244 Brooke Masters, »Corporate America must stand up for the US innovation machine«, *Financial Times*, 30. April 2025, ft.com/content/f143805b-513c-4ade-942f-1f6ba7af036a

245 Sy Boles, »NIH funding delivers exponential economic returns«, *Harvard Gazette*, 11. März 2025, news.harvard.edu/gazette/story/2025/03/nih-funding-delivers-exponential-economic-returns/

246 »MAGA's assault on science is an act of grievous self-harm«, *Economist*, 22. Mai 2025, economist.com/leaders/2025/05/22/magas-assault-onscience-is-an-act-of-grievous-self-harm

247 »The state of U.S. science and engineering 2024: Discovery: U.S. and global R&D«, National Science Foundation,13. März 2024, ncses.nsf.gov/pubs/nsb20243/discovery-u-s-and-global-r-d

248 »R&D spending growth slows in OECD, surges in China; government support for energy and defence R&D rises sharply«, OECD, 31. März 2025, oecd.org/en/data/insights/statistical-releases/2025/03/rdspending-growth-slows-in-oecd-surges-in-china-government-supportfor-energy-and-defence-rd-rises-sharply.html

249 *The Global Impact of US Tariffs*, private research note vom 27. Mai 2025

250 www.uschamber.com/assets/documents/Administration-Letter-on-Tariffs.pdf

# Über den Autor

Philip Coggan ist ein britischer Wirtschaftsjournalist, der viele Jahre für renommierte Medien wie *The Economist* und *Financial Times* schrieb. 2009 wurde er bei den Wincott Awards zum Senior Financial Journalist of the Year gewählt und erhielt bei den Business Journalist of the Year Awards die Auszeichnung als bester Kommunikator. Coggan veröffentlichte bereits mehrere Bücher.